Langenscheidt Mini-Dolmetscher

Allgemeines

Guten Tag	Bom dia [bõ **dsehi**a]
Hallo!	Oi! [Oj]
Wie geht's?	Como vai? [**ko**mu waj]
Danke, gut	Tudo bem, obrigado / obrigada [**tu**du bẽj ubri**ga**du / ubri**ga**da]
Ich heiße ...	Me chamo ... [me **scha**mu]
Auf Wiedersehen	Até logo / Ciau [**ate lo**gu / **tschau**]
Morgen	manhã [ma**njã**]
Nachmittag / Abend	tarde [**tar**dsehi]
Nacht	noite [noj**tschi**]
morgen	amanhã [ama**njã**]
heute	hoje [**o**sehi]
gestern	ontem [**õn**tẽj]
Sprechen Sie Deutsch / Englisch?	Fala alemão / inglês? [**fa**la alə**mãu** / in**gles**]
Wie bitte?	Como, desculpe? [**ko**mu dis**kul**pi]
Ich verstehe nicht.	Não entendo. [não in**tẽn**du]
Sagen Sie es bitte nochmals.	Por favor, o repita. [**pur** fa**wor,** u re**pi**ta]
Bitte, ...	Por favor, ... [**pur** fa**wor**]
Danke	Obrigado / Obrigada [ubri**ga**du / ubri**ga**da]
Keine Ursache.	De nada. [dsehi **na**da]
was / wer / welcher	O que / quem / qual [u ke / kẽj / kwau]
wo / wohin	onde / para onde [**õn**dsehi / **pa**ra **õn**dsehi]
wie / wieviel / wann / wie lange	como / quanto / quando / quanto tempo [**ko**mu / **kwãn**tu / **kwãn**du / **kwãn**tu **tẽm**pu]
warum	porquê [pur**ke**]
Wie heißt das?	Como se diz? [**ko**mu se **dsehiz**]
Wo ist ...?	Onde está ...? Onde fica ...? [**õn**dsehi is**ta** / **õn**dsehi **fi**ka]
Können Sie mir helfen?	Podia-me ajudar? [pu**dsehi**a‿mi asehu**dar**]
Ja	sim [sĩ]
Nein	não [não]
Entschuldigen Sie.	Desculpe. [dis**kul**pi]
Das macht nichts.	Não faz nada. [não faz **na**da]

Sightseeing

Gibt es hier eine Touristeninformation?	Há por aqui uma informação turística? [a pur a**ki u**ma ĩnfurma**são** tu**ris**tschika]
Haben Sie einen Stadtplan / ein Hotelverzeichnis?	Tem um mapa da cidade / uma lista dos hotéis? [tẽj ũ‿**ma**pa da si**da**dsehi / **u**ma **lis**ta dus‿o**teis**]
Wann ist das Museum / die Kirche / die Ausstellung geöffnet?	A que horas o museu está aberto? [a ki **o**ras u mu**zeu** is**ta** a**ber**tu] A que horas a igreja / a exposição está aberta? [a ki **o**ras a i**gre**seha / a ischpuzi**são** is**ta** a**ber**ta]
geschlossen	fechado / fechada [fe**scha**du / fe**scha**da]

Shopping

Wo gibt es ...?	Onde há ...? [**õn**dsehi **a**]
Wieviel kostet das?	Quanto custa isto? [**kwãn**tu kusta **is**tu]
Das ist zu teuer.	É caro demais. [e **ka**ru dsehi**mais**]
Das gefällt mir (nicht).	Eu (não) gosto disso. [eu (não) **gos**tu **dsehi**ssu]
Gibt es das in einer anderen Farbe / Größe?	Existe esse modelo noutra cor / noutro tamanho? [ezi**stschi** esse mo**de**lu **no**tra **kor** / **no**tru ta**ma**nju]
Ich nehme es.	Levo isto. [**le**vu **is**tu]
Wo ist hier eine Bank?	Onde há um banco? [**õn**dsehi a ũ‿**bãn**ku]
Ich suche einen Geldautomaten.	Onde posso encontrar uma caixa automática? [**õn**dsehi **pos**su inkõn**trar** uma **kai**scha auto**ma**tschika]
Ich möchte 100 g Käse / zwei Kilo Orangen.	Queria cem gramas de queijo / dois quilos de laranjas. [ke**ri**a sẽj **gra**mas dsehi ke**j**sehu / dojs **ki**lus dsehi la**rãn**sehas]
Haben Sie deutsche Zeitungen?	Tem jornais alemães? [tẽj sehor**najs** ale**mãjs**]

D1695693

Notfälle

Ich brauche einen Arzt / Zahnarzt.	Preciso de um médico / um dentista. [pre**ssi**zu d~~sch~~i ũ‿**me**d~~sch~~iku / ũ‿dẽn**tschis**ta]
Rufen Sie bitte einen Krankenwagen / die Polizei.	Chame, por favor, uma ambulância / a polícia. [**scha**mi, pur fa**wor, u**ma ãmbu**lã**ssia / a po**li**ssia]
Wir hatten einen Unfall.	Tivemos um acidente. [tschi**we**mus ũ asi**dẽn**-tschi]
Wo ist das nächste Polizeirevier.	Onde fica o posto de polícia mais próximo? [**õn**d~~sch~~i **fi**ka u **pos**tu d~~sch~~i po**li**ssia mais **pro**-ssimu]
Ich bin bestohlen worden.	Fui roubado. [**fui** ro**ba**du]
Meine Auto ist aufgebrochen worden.	Assaltaram-me o carro. [asau**ta**rãu‿mi u **ka**ru]

Essen und Trinken

Die Speisekarte bitte.	O cardápio, por favor. [u kar**da**pju, pur fa**wor**]
Brot	pão [**pãu**]
Kaffee	café [ka**fe**]
Tee	chá [**scha**]
mit Milch / Zucker	com leite / açúcar [kõ **lei**tschi a**ssu**kar]
Orangensaft	suco de laranja [**ssu**ku d~~sch~~i la**rãn**~~sch~~a]
Suppe	sopa [**so**pa]
Fisch / Meeresfrüchte	peixe / mariscos [**pei**schi / ma**ris**kus]
Fleisch / Geflügel	carne / aves [**kar**ni / **a**wis]
vegetarisches Gericht	comida vegetariana [ko**mi**da we~~sch~~eta**rja**na]
Eier	ovos [**o**wus]
Salat	salada [sa**la**da]
Dessert	sobremesa [sobri**me**za]
Obst	fruta [**fru**ta]
Eis	gelado / sorvete [~~sch~~e**la**du / sor**we**tschi]
Wein	vinho [**win**ju]
weiß/rot/rosé	branco / tinto / rosé [**brãn**ku / **tĩn**tu / ro**ze**]
Bier	cerveja [ser**we**~~sch~~a]
Aperitif	aperitivo [aperi**tschi**wu]
Wasser	água [**a**gwa]
Mineralwasser	água mineral [**a**gwa mine**rau**]
mit / ohne Kohlensäure	com / sem gas [kõ / sẽj gas]
Limonade	limonada [limo**na**da]
Frühstück	pequeno almoço [pe**ke**nu au**mo**ssu]
Mittagessen	almoço [au**mo**ssu]
Abendessen	jantar [~~sch~~ãn**tar**]
eine Kleinigkeit	uma coisa pequena [uma **koj**za pe**ke**na]
Ich möchte zahlen.	A conta, por favor. [a **kõn**ta, pur fa**wor**]
Das Essen war sehr gut / nicht so gut.	Gostei muito da comida. / Não, não gostei muito da comida. [gos**tei** mũjtu da ko**mi**da / nãu, nãu gos**tei** mũjtu da ko**mi**da]

Im Hotel

Ich suche ein gutes / nicht zu teures Hotel.	Estou procurando um bom hotel / econômico. [es**tou** prokur**ãn**du ũ bõ o**teu** / eko**no**miku]
Ich habe ein Zimmer reserviert.	Eu reservei um quarto. [eu reser**wei** ũ **kwar**tu]
Ich suche ein Zimmer für ... Personen.	Eu estou procurando um quarto para ... pessoas. [eu es**tou** prokur**ãn**du ũ **kwar**tu **pa**ra ... pe**sso**əs]
Mit Dusche und Toilette.	Com chuveiro / banheiro [kõ schu**wei**ru / ba**njei**ru]
Mit Balkon und Blick aufs Meer.	Com varanda / vista para o mar. [kõ wa**rãn**da / wista para u mar]
Wieviel kostet es pro Nacht?	Quanto é a diária? [**kwãn**tu e a d~~sch~~iaria]
Mit Frühstück?	Com café dè manhã? [kõ ka**fe** da ma**njã**]
Kann ich das Zimmer sehen?	Posso ver o quarto? [**Po**ssu wer u **kwar**tu]
Haben Sie ein anderes Zimmer?	Não têm outro quarto? [nãu tẽj otru **kwar**tu]
Das Zimmer gefällt mir (nicht).	Eu (não) gostei deste quarto. [eu (nãu) gos**tei** **des**tsche **kwar**tu]
Kann ich mit Kreditkarte zahlen?	Posso pagar com cartão de crédito? [**po**ssu pa**gar** kõ kar**tãu** d~~sch~~i **kred**~~sch~~itu]
Wo kann ich parken?	Onde posso estacionar? [**õn**d~~sch~~i **po**ssu estasio**nar**]
Können Sie das Gepäck in mein Zimmer bringen?	Podem levar a bagagem para o meu quarto? [**po**dẽj le**war** a ba**ga**~~sch~~ẽj **pa**ra u meu **kwar**tu]
Haben Sie einen Platz für ein Wohnmobil?	Têm lugar para um carro camping? [tẽj lu**gar** para ũ karu kam**ping**]
Wir brauchen Strom / Wasser.	Precisamos de corrente elétrica / água [pressi-**za**mus d~~sch~~i ko**rẽn**tschi e**le**trika / **a**gwa]

Umschlagmotiv: Cataratas do Iguaçu

Herausgeber: Polyglott-Redaktion
Autor: Stefan U. Mühleisen
Lektorat: Dagmar Lutz
Art Direction: Illustration & Graphik Forster GmbH, Hamburg
Karten und Pläne: Gundula Hövelmann
Titeldesign-Konzept: V. Barl
Realisation: Studio Wolf Brannasky

Wir danken Brasiliens Fluglinie VARIG sowie den brasilianischen Tourismusorganisationen EMBRATUR, TURMINAS, SETUR, FUNCETUR, CODITUR, EMPETUR, BAHIATURSA und dem Rio Convention & Visitors Bureau für die dem Autor bereitwillig gewährte Unterstützung.

Ergänzende Anregungen, für die wir jederzeit dankbar sind,
bitten wir zu richten an:
Polyglott-Verlag, Redaktion, Postfach 40 11 20, 80711 München.

Zeichenerklärung

- Öffnungszeiten
- Telefonnummer
- Faxnummer
- Information
- Flugverbindungen
- Eisenbahnverbindungen
- Busverbindungen
- Schiffsverbindungen
- Metro
- Seilbahn
- Hotel
- $$$ DZ pro Person ab 100 DM
- $$ 50–100 DM
- $ bis 50 DM
- Restaurant
- $$$ Hauptgericht über 60 DM
- $$ 30–60 DM
- $ bis 30 DM

Routenpläne

- Autobahn, Schnellstraße
- sonstige Straßen, Wege
- Staatsgrenze, Landesgrenze
- National-, Naturparksgrenze

Stadtpläne

- Durchgangsstraße
- sonstige Straßen
- Fußgängerzone
- Fußweg

Komplett aktualisierte Auflage 1996/97

Redaktionsschluß: September 1996

Printed in Germany / II.
Gedruckt auf chlorfrei gebleichtem Papier
ISBN 3-493-62798-X

Polyglott-Reiseführer

Brasilien

Stefan U. Mühleisen

Polyglott-Verlag München

Allgemeines

Editorial .... S. 7
Ein halber Kontinent .... S. 8
Geschichte im Überblick .... S. 16
Kultur gestern und heute .... S. 18
Am Samstag feijoada .... S. 22
Urlaub aktiv .... S. 24
Reisewege und Verkehrsmittel .... S. 25
Unterkunft .... S. 26
Praktische Hinweise von A–Z .... S. 94
Register .... S. 96

Städtebeschreibungen

Rio de Janeiro – Cidade maravilhosa S. 28

Welthauptstadt der Lebensfreude und des Samba mit Stränden der Superlative und Küstenwäldern zum Erholen.

São Paulo – Basis für Busineß S. 40

Faszinierende Wirtschaftsmetropole Südamerikas im Spannungsfeld zwischen boomender Industrie und sozialen Problemen.

Salvador de Bahia – Stadt aller Heiligen S. 44

Im Epizentrum afrikanisch-brasilianischer Lebensart zeugen Kirchen von der kolonialen Vergangenheit, locken leidenschaftliche Feste und endlose Strände.

Regionen

Der Südosten

Minen und Metropolen S. 58

Belo Horizonte · Ouro Preto · Mariana Congonhas do Campo: Glanzlichter des Kirchenbarock erinnern an die Blüte kolonialer Goldgräberzeiten.

Der Süden

Europa im Blut S. 64

Curitiba · Cataratas do Iguaçu · Florianópolis · Blumenau · Porto Alegre: Grandiose Wasserfälle, genügsame Gaúchos und Städte europäischer Tradition.

Regionen

Der Nordosten

Sonne, Strände und Sertão S. 70

Fortaleza · Juazeiro do Norte · Teresina São Luís · Recife · Olinda: Im Hinterland der malerischen Strände und Kolonialstädte zeigt der Sertão ein herbes Bild.

Der Mittelwesten

Savanne, Sumpfland und Moderne S. 80

Brasília · Goiás · Cuiabá · Pantanal Campo Grande: Von der Hauptstadt der Moderne führen Ausflüge in das größte Feuchtgebiet der Welt.

Der Norden

Weltklimaanlage Amazonas S. 86

Manaus · Santarém · Belém · Ilha de Marajó: Fahrten in die Amazonas-Regenwälder zeigen eine faszinierende Natur und die bedrohte Kultur der Indianer.

Bildnachweis

Alle Fotos Stefan U. Mühleisen außer Archiv für Kunst und Geschichte, Berlin: 17/1. Reiner Ertl: 27/2, 61/1, 81/1, 93/2. A. M. Gross: 6, 7/1, 45/2, 49, 55/1, 71/3, 79/2, 87/1. Bernd Helms: 61/2, 69/1. Hinze/edition Vasco: 19/2, 71/2. Gerold Jung: 17/2, 29/1, 37/2, 45/1, 53/1, 55/2. Markus Kirchgeßner: 13/1, 19/1, 23, 33, 37/3, 41/1, 51, 53/1, 59/1, 63/1, 63/3, 67/1, 71/1, 79/1, 79/3. Detlev Kirst: 91/2. Terraqua/Maile: 11/1. Terraqua/Tins: 1, 35/1, 39/1-2, 67/1, 81/2, 91/1, 93/1. Terraqua/Vareschi: 87/2. Bildagentur Schuster/Postl: Umschlag (Bild). Superbild/Bernd Ducke: Umschlag (Flagge).

Fremde Kulturen kennenlernen und gastfreundlichen Menschen begegnen – wie sehr genießen wir das auf Reisen. Zu Hause bei uns jedoch wird mancher Ausländer von einer kleinen Minderheit beschimpft, bedroht und sogar mißhandelt. Alle, die in fremden Ländern Gastrecht genossen haben, tragen hier besondere Verantwortung. Deshalb: Lassen Sie es nicht zu, daß Ausländer diffamiert und angegriffen werden. Lassen Sie uns gemeinsam für die Würde des Menschen einstehen.

Verlagsleitung und Mitarbeiter des Polyglott-Verlages

Editorial

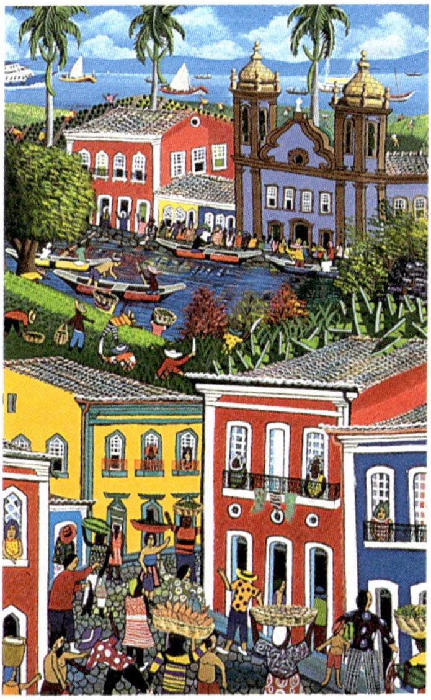

Soviel Brasilien seinen Besuchern auch preisgibt, immer ist es so, als habe sich nur für Sekunden ein kleines Guckloch geöffnet. Jeder Happen erlebter Schönheiten erzeugt unstillbaren Appetit auf mehr: palmenbesetzte, endlose Sandstrände, in tausend Grünschattierungen leuchtende Regenwälder, im Morgendunst schlummerndes Bergland oder ehrwürdig versteinerte Stadtkulissen früherer Jahrhunderte. Brasilien, die sanfte Hälfte Südamerikas mit einer Natur- und Kulturvielfalt unfaßbarer Ausdehnung ohne schroffe Gebirge und harte Gesten, ist ein Land, das sich dem Besucher offen und ohne Widerstände zeigt.

Die Anmut, mit der sich die geschmeidigen Palmen im Passat biegen, die Schönheit der zart gesponnenen Urwaldteppiche und die Harmonie langestreckter Hügelwellen der Savannen finden sich in der Toleranz, Sanftmut und Melancholie der Menschen wieder. Üppig, heiß und lebendig wie die Natur ist ihre Lebenslust. Das Gefühl ungezwungener Lässigkeit durchströmt die vollen Straßen und Plätze in Stadt und Land. Freundschaft und Gruppensinn gehören zum Alltag wie die Luft zum Atmen. Mit dem warmen Tropenwind weht dem Fremden freundliche Hilfsbereitschaft und Interesse entgegen.

Die Körpersprache durchbricht Abstände und spricht lauthals in Umarmungen, Küssen und Schulterklopfen. Weiches brasilianisches Portugiesisch begegnet den fremden Ohren wie ein melodischer Gesang, eine aus der Seele gehauchte Klangwelt ohne spröde und beherrschende Laute. Sollten schwierige Situationen entstehen, so zieht der Brasilianer Lösungen im guten vor. Lieber geht er einen Schritt zur Seite und macht zunächst Unmögliches doch möglich.

Der Autor

Stefan U. Mühleisen (geb. 1962), Journalist und Dipl.-Geograph, kennt Brasilien von zahlreichen Studienreisen und einem längeren Projektaufenthalt deutsch-brasilianischer Zusammenarbeit. Die Schwerpunkte seiner Beiträge in Zeitschriften und Zeitungen: Umwelt, Unternehmen, Reise und Touristik.

Ein halber Kontinent

Als Küstenparadies mit sichelförmigen Buchten, Dünenlandschaften und Bergwäldern ist das Land bekannt, seit Pedro Álvares Cabral vor fast 500 Jahren als erster Europäer seine Stiefel in den Sand setzte. Entdeckungsreisen beginnen heute meist inmitten der Menschenaufläufe an den Stränden der Metropolen und enden in einsamen Urwaldlodges. Wer Brasilien unter die Haut dringen will, muß sich in die Weiten des Hinterlandes wagen. Hier leben wilde Tiere und wachsen Pflanzen in unberührter Naturlandschaft. Im Landesinneren setzen sich vom Süßwasser durchströmte Superlative abseits des Meerwassers fort: der immergrüne Amazonas als größter Regenwald der Welt, der Pantanal, größtes Feuchtgebiet der Erde, und die zwar nicht größten, aber schönsten Wasserfälle von Iguaçu. Auf den tausenden Kilometern dazwischen: Nationalparks in kühl temperierten Höhen eines hinreißenden Berg- und Hügellandes, glühend heiße Savannen und gewaltige Flüsse, die sich in die rote Erde graben.

So unermeßlich schön das Land ist, sein eigentliches Gesicht erhält es durch die Menschen mit ihren afrikanischen, indianischen und europäischen Wurzeln. Sie öffnen sich und ihre Seele im Karneval, in kollektiven Tanzorgien, religiös-mystischen Ritualen und sinnlichen Festen.

Weit außerhalb der von Slumgürteln umgebenen Metropolen mit ihren Hochhauswäldern leben landlose Bauern in Lehmhütten am Rand unendlicher Großgrundbesitze von spärlich gepflanztem Reis und Bohnen. Während Fabriken High-Tech-Produkte für den Weltmarkt ausstoßen, produzieren Familien in Handarbeit gewebte Hängematten und Stickereien. Enorme Spannweiten in Kultur und Landschaft machen das Land unbegreifbar vielfältig. Und doch gelten überall menschliche Gemeinsamkeiten, die Gegensätze eliminieren und *ein* Brasilien formen.

Lage und Landschaft

Rund 24mal so groß wie Deutschland nimmt Brasilien mit 8,5 Mio. km² fast die Hälfte des südamerikanischen Subkontinents ein. Mit Ausnahme von Chile und Ecuador teilen alle südamerikanischen Länder ihre Grenzen mit dem großen Nachbarn. Im Osten und Nordosten trennt eine 7400 km lange **Küstenlinie** den Kontinentalsockel vom Atlantischen Ozean. Den Mangroveküsten der Amazonasmündung stehen im Nordosten und Osten weite Schwemmlandstreifen mit ausgedehnten, goldenen Sandstränden gegenüber.

Das **Amazonasbecken,** das weltgrößte tropische Regenwaldgebiet, bestimmt den Norden Brasiliens. Weiße (schwebstoffreiche) Flüsse aus den Anden und klare Ströme aus den Massiven Zentralbrasiliens und Guyanas mischen sich mit Schwarzwasserflüssen aus den versumpften Waldgebieten Oberamazoniens zum zweitgrößten Strom der Erde. Unzählige Flußarme zerschneiden den immergrünen Regenwald, und periodisch überflutete Gebiete wechseln mit „terra firme", wo nur der Regen das Land befeuchtet.

Im Norden stößt das Amazonasbecken gegen das **Bergland von Guyana.** Dort, im Grenzgebiet zu Venezuela, ragt die höchste Erhebung Brasiliens in die tropischen Regenwolken: der Pico da Neblinha (3014 m). Südlich läuft das Amazonasbecken zum **Planalto Central** aus, einem 600 bis 1000 m hohen Berg- und Tafelland, das Zentral- und Südostbrasilien umfaßt. Die **Serra do Mar** begleitet die Küste vom Nordosthorn bis zum nördlichen Rio Grande do Sul. Im Westen erstreckt sich die mehr als 100 000 km² große Schwemmlandebene des **Pantanal** bis nach Bolivien und

Paraguay hinein. Sie wird über das Flußsystem von **Paraná** und **Paraguay** entwässert, die in Paraguay zusammenfließen, bevor sie bei Buenos Aires in den Atlantik münden. Als größter rein brasilianischer Fluß verbindet der liebevoll *Velho Chico* („der alte Kleine") genannte **Rio São Francisco** mit knapp 3000 km Länge den niederschlagsreicheren Südosten mit dem trockenen Nordosten.

Klima und Reisezeit

Brasiliens Lage auf der Südhalbkugel bedeutet eine Umkehrung der **Jahreszeiten,** d. h. die heißen Sommermonate, in den meisten Regionen die Hauptregenzeit, liegen zwischen Oktober und März, der milde Südwinter zwischen Juni und August. Bis auf die Südregion (s. u.) herrschen zu jeder Zeit einladende sommerlich warme Luft- und Wassertemperaturen. Niederschläge können zur Regenzeit Straßen unpassierbar machen, während die Schwüle die Bewegungsfreude merklich schmälert und den Kreislauf belastet.

Das Land besitzt mehrere ausgeprägte **Klimaräume:** Die niederschlagsreichste Region ist der am Äquator wenig über dem Meeresspiegel gelegene *Amazonasurwald.* Das ganze Jahr über heizen den Besuchern dort tropische Mitteltemperaturen von 25 °C bei hoher Luftfeuchtigkeit (80–90 %) ein. Über dem *Nordosten* brüten fast ganzjährig heiße und trockene Luftmassen. Zentralbrasilien kennzeichnet ein deutlicher Wechsel zwischen vier- bis sechsmonatiger Trockenperiode und Regenzeit. Extremtemperaturen liegen zwischen 42 °C im Sommer und -6 °C im Winter. Spürbare Jahreszeiten prägen auch die subtropischen Staaten im *Süden,* wo zwischen Mai und August bisweilen kalte Luftmassen aus südlicher Richtung vorstoßen. Entlang der gesamten *Küste* mildert die stetige Brise vom Meer her das feuchtwarme Klima. Die Mitteltemperaturen pendeln dort zwischen 22 und 26 °C.

Klima und Reisezeit

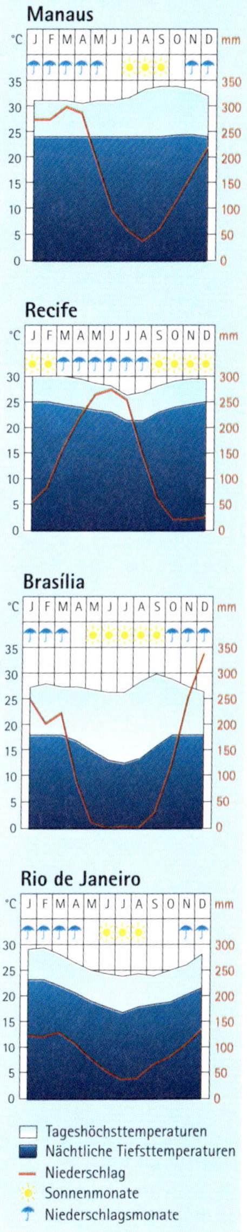

Natur und Umwelt

Alexander von Humboldt (1769–1859) beschrieb auf seinen Forschungsreisen in Nordbrasilien die *Hyläa,* den immergrünen, äußerst artenreichen und dreistöckig gegliederten **Regenwald** – ursprünglich 47 % der Fläche Brasiliens. Açai-Palmen, Gummibäume *(Hevea brasiliensis),* Kakaopflanzen und der Paranußbaum *(Bertholletia excelsa)* gedeihen hier als Nutzpflanzen.

Die tropischen Regenwälder im Osten – von Salvador bis Curitiba – wichen in den letzten Jahrzehnten landwirtschaflicher Nutzung. Kaffeeplantagen, Rinderweiden und nachwachsender **Sekundärwald** breiten sich heute dort aus. Dem Bundesstaat São Paulo, einst zu 90 % von Wald bedeckt, ist ein kläglicher Rest von etwa 6 % geblieben.

Südlich des Amazonasbeckens bedecken Wälder aus Babaçú-Palmen, die wertvolles Pflanzenöl und Früchte liefern, und Carnaúba-Palmen weite Teile des semiariden Nordostens (10 % der ges. Landesfläche). Der „weiße Wald" (indian.: *caatinga*) der **Dornstrauchsavanne** – dürre Bäume, Kakteen, Dornsträucher und wasserspeichernde Flaschenbäume – trotzt der bis zu elfmonatigen Trockenzeit des *Sertão.*

Feuchtsavannen *(campos cerrados)* mit knorrigen, grobrindigen Bäumen überziehen den größten Teil des *Planalto Central,* d. h. 20 % der Landesfläche. In Konkurrenz zur extensiven Viehwirtschaft drängen jedoch seit den 70er Jahren Rodungen für den Sojaanbau die natürliche Vegetation zurück.

Für Brasiliens **Tierwelt** charakteristisch sind zahnarme Säugetiere wie das Faultier, das gepanzerte Gürteltier *(tatú)* und der Ameisenbär, aber auch die tonnenschwere Amazonas-Seekuh *(peixe-boi),* ein archaisch wirkender Meeressäuger, der Pflanzen frißt. Hinzu kommen Beuteltiere, wie das Opossum. Die über 60 Affenarten mit dem charakteristischen Greifschwanz leben bevorzugt in den Waldgebieten.

Von den nahezu 1700 Vogelarten kommen zwei Drittel im Amazonasgebiet vor: farbenprächtige Papageien, Tukane mit ihren riesigen Schnäbeln und *beija-flor* („Blumenküsser") genannte Kolibris. Im ganzen Land schwirren Aasgeier *(urubús)* als Gesundheitspolizei durch die Luft. Auch zahllose Insektenarten, darunter vielfarbige Schmetterlinge und Ameisen, sowie Vogelspinnen bevölkern den Regenwald.

Über 1500 Fischarten tummeln sich im Flußnetz des Amazonas: der *pirarucú* als größter bekannter Süßwasserfisch (bis 2 m lang und 100 kg schwer) und der kleinere *tucunaré* sowie schnelle *piranhas* mit messerschaften Zähnen. Auch die Küstengewässer sind reich an Süß- und Salzwasserfischen sowie Schalen- und Krustentieren. Bei Reptilien und Amphibien reicht das Spektrum von Krokodilen und Kaimanen über Schlangen – Riesenanakondas ebenso wie kleine Nattern- und Otternarten – bis hin zu Leguanen oder der bis 200 kg schweren Riesenschildkröte.

Ökologische Probleme bereitet neben den flächenverschlingenden Monokulturen der traditionelle Brandrodungsfeldbau im Amazonasgebiet. Vor allem von Kleinbauern werden riesige Waldflächen in Wüsten verwandelt. Trotz zahlreicher Gesetze und weitläufiger Schutzgebiete steht die Umwelt im Schatten wachstumsorientierter Wirtschaftsmodelle. Unkontrolliert gewachsene Industriereviere, permanent steigende Zulassungszahlen für Kraftfahrzeuge sowie die ungelöste Entsorgung von Abwässern und Müll stellen den Glauben an die unerschöpfliche Kraft der Natur in Zweifel. Während die Masse der Bevölkerung mit Überlebensproblemen zu kämpfen hat, läßt sich bei Behörden und privaten Organisationen ein verstärktes Umweltbewußtsein verfolgen. Nicht zuletzt durch die UN-Konferenz für Umwelt und Entwicklung 1992 in Rio de Janeiro rückte die Bedeutung der brasilianischen Naturlandschaft für das Weltklima ins Bewußtsein der Öffentlichkeit.

Zwischen Schwarz und Weiß

Unter dem Dach einer gemeinsamen Sprache vermischten sich Nachfahren portugiesischer Kolonisten, europäischer Einwanderer, versklavter Afrikaner und unterworfener Indianer. Von den ehemals 2,5–4 Mio. Ureinwohnern zum Zeitpunkt der Entdeckung haben nur etwa 200 000 überlebt, und sie sind weiter in ihrer Existenz bedroht (s. S. 87). 40 % der Bevölkerung sind heute dunkelhäutige Mischlinge. Das rassistische Denken der Kolonialzeit, das den sozialen Status auch nach dem Helligkeitsgrad der Haut bestimmte, gehört offiziell der Vergangenheit an, lebt aber unterschwellig in der Ansicht „je weiter unten desto dunkler" fort.

Was auf der Straße auffällt, spiegelt die **Bevölkerungsstatistik** wider: Fast die Hälfte der 150 Mio. Brasilianer ist jünger als 20 Jahre, nur 4,4 % sind über 64. Die Familienplanung hängt stark von der sozialen Stellung ab. Vor allem die armen Schichten auf dem Land und in

Geschickte Handwerker bauen aus Palmen komplette Hütten und das Mobiliar dazu

Palmen – tropische Lebensbäume

Kein Traumstrand kommt ohne Palmen aus. Ihr Schatten schützt vor allzuviel Sonne, und das kühle Wasser der grünen Kokosnüsse erfrischt herrlich. Palmen gehören zum brasilianischen Strandleben wie der knappe Bikini. Alexander von Humboldt registrierte an Palmen „mit Überraschung, wie viele Dinge an das Dasein eines einzigen Gewächses geknüpft sind". Mit seinen Begleitern beobachtete er, wie der Wind Sand um die Stämme anhäuft, die Früchte und das Grün Vögel anlokken und sich auf der windabgewandten Seite im feuchten Boden Würmer und Insekten wohl fühlen. Der bayerische Forscher Carl Friedrich Philipp von Martius (s. S. 92) ging noch genauer vor und veröffentlichte nach seiner Reise (1817–1820) die „Historia Naturalis Palmarum", die bis heute gültige Naturgeschichte der Palmen, in drei gewaltigen Bänden mit 135 Bildtafeln. Wieviel Leben eine einzige Palme um sich verbreitet, machen die Produkte dieses vollständig verwertbaren Baumes klar. *Coqueiros* liefern außer Kokoswasser aus den grünen Früchten, helles Mark für Weihnachtsplätzchen aus den reifen Nüssen. Die Fasern der Nuß finden Verwendung für Matratzen, Bürsten und Seile. Geschickte Handwerker bauen aus den Stämmen ganze Häuser, decken mit dem Blattwerk Dächer oder flechten daraus stabile Matten, Hüte und Taschen. Von der Blattoberfläche der *Carnaúbas* gewinnt man Wachs, aus *Açais* das Fleisch für Erfrischungsgetränke und aus *Babaçús* Öle für Speisen, Seife und Waschmittel. Was vom Vollwertbaum übrig bleibt, dient getrocknet als Brennholz.

Buchtip

Eine Vielzahl interessanter, lebendig geschriebener Texte über Kultur, das Alltagsleben und die Mentalität der Brasilianer finden Sie in dem Polyglott-Band **Land & Leute Brasilien.**

den Slums halten eine zahlreiche Nachkommenschaft für die beste Überlebens- und Altersversicherung. Bis zum Jahr 2000 wird mit einer Zunahme der Bevölkerung um 20 Mio. gerechnet.

Rund 75 % der Brasilianer leben auf nur 10 % der Landesfläche – hauptsächlich in den Großstädten. In den engen Ballungsräumen prallen soziale Gegensätze aufeinander. Ringförmig um alle Metropolen liegen Wohnquartiere der Unterschicht, die *favelas*, aus Brettern, Wellblech und Planen zusammengezimmert, während die Mittel- und Oberschicht in Apartmenthochhäusern oder luxuriösen Villen lebt. Diese Welten trennt oft nur eine Straße. Kriminalität entsteht aufgrund sozialer Not. „Die Reichen sterben vor Angst, die Armen vor Hunger", sagt man in Brasilien.

Seit der Kolonialzeit verfestigte quasifeudale Eigentums- und Sozialstrukturen verhindern einen verbesserten Lebensstandard der besitzlosen Massen in ländlichen Regionen. Getrieben von der Hoffnung auf einen Arbeitsplatz in Industrie oder Dienstleistungsgewerbe, strömen Tausende in die Großstädte, meist jüngere und besser ausgebildete Männer. Junge, unverheiratete Frauen arbeiten oft als Hausmädchen bei Familien der Mittelschicht. Die Monokulturbetriebe des Kaffee- und Zuckerrohranbaus ziehen Saisonarbeiter an. Glücksritter wie Gold- *(garimpeiros)* und Diamantensucher gründen Neuansiedlungen in Amazonien. Über die Hälfte der Migranten kommt aus dem trockenen Nordosten. Die immer noch ausstehende Agrarreform und eine ungerechte Landverteilung geben weiterhin Impulse zur Abwanderung.

Religion – offen für alles

Der **katholische Glaube** kam mit den Eroberern nach Brasilien. Millionen indianischer Ureinwohner wurden versklavt und zwangsgetauft, ebenso wie die Schwarzen aus Westafrika. Doch die afrikanischen Gottheiten erwiesen sich als stärker. In den Heiligen des iberischen Volkskatholizismus beteten die Sklaven fortan ihre *orixás* (s. S. 52) heimlich an. Es entwickelten sich **synkretistische Religionen,** die mit dem *Candomblé* (s. S. 52) und *Umbanda* besonders das kulturelle Leben im Nordosten geprägt haben.

Dem widerspricht nicht, daß rund 140 Mio. getaufter Katholiken Brasilien zur größten katholischen Gemeinde der Erde machen. In der sozialen Misere bietet die Religion für viele Halt und Hoffnung, aber auch Raum für magisch aufgeladene Gläubigkeit. Hunderttausende ziehen auf **Wallfahrten** und **Heiligenfesten** durch das Land, so zum Grab des 1934 verstorbenen Padre Cícero (s. S. 75) in Juazeiro do Norte.

Neben der patriarchalisch-konservativen Amtskirche spielt die Kirche der Armen eine große Rolle. In der sozialreformerischen **Befreiungstheologie,** die die Verarmung der Massen als soziale Sünde ansieht, wird sie zur politischen Kraft. Ihre Anhänger versuchen, die Gesellschaft zugunsten der Armen und Landlosen zu verändern. Aufgeschlossene Priester, wie der 1909 in Fortaleza geborene Dom Hélder Cámara oder Cândido Padin „inkarnierten" das Evangelium inmitten der Armen. In Basisgemeinden im armen Milieu der *favelas* gewährt die Kirche praktische Hilfe im Alltag. Viele Priester setzen sich in ländlichen Regionen mit Großgrundbesitzern auseinander, um Land für die Landlosen zu besetzen.

Die sprunghaft angestiegene Zahl **protestantischer Sekten** *(pentecostais)* mit rund 30 Mio. Anhängern beginnt den alleinigen Führungsanspruch der katholischen Kirche in Frage zu stellen.

Politik – Wirtschaft

Junge Demokratie. Nach 20 Jahren der Militärherrschaft wurde 1985 Tancredo Neves durch ein Wahlmännergremium demokratisch gewählt, starb jedoch noch vor dem Amtsantritt. Vizepräsident José Sarney übernahm die Regierungsgeschäfte.

In den Slums sind Kinder die einzige Altersversicherung

Im März 1990 wurde der konservative F. Collor de Mello der erste vom Volk gewählte Präsident. Sein drastisches Sanierungsprogramm *Plano Brasil Novo* scheiterte. Nach mehreren Skandalen wurde er vom Amt suspendiert, sein Vize Itamar Franco im Dezember sein Nachfolger.

In einer Phase galoppierender Inflation trat im Juli 1994 der **Plano Real** in Kraft, der das inflationstreibende Haushaltsdefizit verringerte und die Geldmenge beschränkte. Eine Währungsreform führte den an den Dollar gebundenen *Real* ein. Der Initiator des Planes, Fernando Henrique Cardoso, gewann als zweiter vom Volk gewählter Präsident die Wahl. Doch die Staatsausgaben steigen mittlerweile wieder schneller als geplant.

Alles für den Hausaltar

Jeitinho brasileiro

Jeder Brasilianer müßte täglich an den Ungerechtigkeiten des Alltages mit allen sozialen Gegensätzen, bürokratischer Unbill und wirtschaftlichen Ungewißheiten verzweifeln. Doch die Kraft, alles zu dulden, hängt mit der legeren Lebensart zusammen. Über Jahrhunderte kultivierten die Brasilianer den *jeitinho brasileiro,* die Kunst, einen Ausweg zu finden. Mit Schläue wird improvisiert. Die Devise heißt: sich lieber in freundschaftlicher Atmosphäre einigen, als in negativer Grundhaltung unangenehme Gefühle provozieren. Spontanes Reagieren ersetzt die anstrengende Suche nach endgültigen, doch nicht haltbaren Lösungen und ermöglicht es, etwas zunächst Unmögliches doch möglich zu machen, eine für beide Seiten akzeptable Lösung, einen Ausweg, eine Lücke, einen kleinen, aber bedeutsamen Dreh zu finden. Mit einem *jeitinho* tut sich ein Platz in einem vollen Bus auf, bekommt man ein Zimmer in einem ausgebuchten Hotel oder serviert der Kellner eine Mahlzeit trotz geschlossener Küche. Gesunder Menschenverstand und freundliches Entgegenkommen korrigieren bürokratische Widrigkeiten und ermöglichen es, sich durchs Leben zu schlängeln, ohne an Konventionen zu zerbrechen.

Straßenhändler – Barometer der Wirtschaft

Aus großen braunen Augen schaut sie mich an. Eine Fünfjährige im weißen Kleidchen, die schon früh weiß, wie sie mit Charme im Leben weiterkommt, hält mir eine Schachtel Bonbons hin. „Kaufe nur eines", flüstert sie gedehnt so lange, bis mein Herz erweicht. Sie ist eines von Tausenden Kindern, die durch ambulanten Handel das Familieneinkommen aufbessern.

Die Zeit für „große" Geschäfte ist immer und überall – nicht nur für Kinder. Wenn die Ampeln auf Rot schalten, stürmt ein Heer von Händlern zwischen den Autos hindurch und versucht mit Eifer, Obst oder Zeitungen an die Frau oder den Mann zu bringen oder eine schnelle Fensterwäsche mit Wasserflasche und Lumpen zu vollführen. In den Zentren der Städte verkaufen sie auf Klapptischen säuberlich aufgereihte Uhren, Spielzeug, Schokolade, Hefte und Nagelscheren, servieren fliegende Servicemänner *cafezinho* aus Thermoskannen. Vor Restaurants und Kneipen bieten Jungen auf Holzkohleglut geröstete Erdnüsse feil. Selbstgezimmerte Bauchläden offenbaren eine Vielfalt an Bonbons, Kaugummis, Lutschern und anderen Süßigkeiten.

Die Mehrzahl der Straßenhändler sind Arbeitslose, die sich nicht verändern können oder wollen: Sie haben keine festen Arbeitszeiten, sind nicht an Verträge und Arbeitgeber gebunden, zahlen keine Steuern und verdienen oft mehr als in einer regulären Stellung. Ist die Wirtschaft im Aufschwung, so verringert sich ihre Zahl, steuert sie wieder in eine Krise, so steigt sie umgehend.

Ein enormes Potential natürlicher und menschlicher Ressourcen steckt in der brasilianischen **Wirtschaft.** Doch die Ursachen der chronischen Entwicklungskrise dieses so reich gesegneten Landes sind durchweg hausgemacht: Der korrupte, instabile Staatsapparat, die Bürokratie und wenig konstruktiv orientierte Eliten schlingern in einer kurslosen Wirtschaftspolitik dahin. Wie Feuerwehrmänner versuchen die Politiker erfolgversprechende Wirtschaftspläne (allein sechs seit 1986) gegen Rezession, Inflation und eine Verschuldung aufzustellen, die durch einen unsoliden Haushalt in immense Höhen getrieben wurde.

Seit dem offenen Ausbruch der Finanzkrise 1982 liegen die Auslandsschulden bei über 130 Mrd. US $. Brasilien strebt mittlerweile statt erneuter Umstrukturierungen einen Abbau an, nachdem die Währungsreform im Jahr 1994 Stabilität in den Wirtschaftsapparat gebracht hatte.

Bergbau: Die Eisenerzvorkommen gehören zu den größten der Welt. Mit 11 % sind gegenwärtig Bergbauprodukte am devisenbringenden Export beteiligt, die primär in Minas Gerais geschürft werden.

Energiewirtschaft: Während noch 1970 Brennholz mit 45 % wichtigster Energieträger war, ist dessen Anteil 1992 auf 16 % gesunken. Wasserkraft nimmt mit 43 % den ersten Rang ein. Beim Erdöl konnte durch eigene Bohrungen seit Beginn der 80er Jahre die Außenabhängigkeit auf rund 50 % verringert werden. Mit Projekten wie dem weltgrößten Wasserkraftwerk Itaipú (12 600 MW), Urubupungá oder Paulo Afonso wurde die Stromerzeugung vollständig auf Wasserkraft umgestellt. Nach dem *Plano 2010* sollen in der Planungsregion Amazônia Legal 79 neue Kraftwerke entstehen.

Das 1975 verabschiedete „Nationale Alkoholprogramm" *Proálcool* ersetzte Benzin durch aus Zuckerrohr hergestellten Äthylalkohol. Ende der 80er Jahre erreichte die Produktion 12 Mrd. Liter. Öffentliche Kritik, da für die Exportwirtschaft Anbauflächen verloren sind, fallende Ölpreise und ökologische Probleme (Verarmung des Bodens durch Monokulturen, Schadstoffbelastung durch den neuen Treibstoff) führten jedoch dazu, daß die Autoindustrie wieder verstärkt auf Benzinmotoren umstellt.

Rinderherden prägen weite Teile des Landes

Agrarsektor: Trotz geringer Hektarerträge ist Brasilien weltweit der größte Erzeuger von Kaffee und Zuckerrohr, Orangen, Maniok und Sisal. Den zweiten und dritten Rang belegen Sojabohnen, Bananen, Kakao bzw. Mais, Tabak und Rindfleisch. Die ungelöste Bodenfrage verhindert jedoch bis heute eine gerechtere Verteilung der erwirtschafteten Gewinne.

65 % aller bäuerlichen Kleinbetriebe, die meist gerade das Existenzminimum schaffen, besitzen nur knapp 5 % der landwirtschaftlich genutzten Fläche, während sich 10 % der großen *fazendas* fast 80 % der Fläche teilen. Staatliche Förderprogramme in Form landwirtschaftlicher Großprojekte waren mehr Propaganda für die Regierung als Hilfe beim Abbau regionaler und sozialer Ungleichheiten.

Steckbrief

Fläche: 8,5 Mio. km², 15 700 km Inlandsgrenze und 7400 km Küsten.

Lage: 35 bis 74 Grad westl. Länge, 5 Grad nördl. bis 34 Grad südl. Breite.

Bevölkerung: 152 Mio., 1,8 % Wachstum pro Jahr, 78,2 % Stadtbewohner. 17 Einw./km² (0,5 in Roraima, 290 in Rio). *Landessprache* ist Portugiesisch mit nationalen Eigenheiten.

Staatsform: Präsidiale und föderative Republik mit 26 Bundesstaaten und einem Bundesdistrikt *(Distrito Federal)* um die **Hauptstadt Brasília.**

Wirtschaft: 426 Mrd. US $ Bruttoinlandsprodukt (58,4 % Dienstleistung, 25,4 % Industrie, 24,2 % Landwirtschaft); BIP/Einw.: 3000 US $ (Deutschland 23 650 US $). Über 130 Mrd. US $ Auslandsschulden. Exporte: 36,2 Mrd. US $, Hauptabnehmerländer USA 21 %, Deutschland 9 %, Japan 8 %. Rohstoffe: Landwirtschaftliche Produkte, Erdöl, Erdgas, Ölschiefer, Uran, Kohle, Manganerz, Bauxit, Eisenerz, Kupfer u. a.

Mindestlohn (1940 eingeführt): z. Zt. 250 DM pro Monat.

Geschichte im Überblick

30 000–10 000 v. Chr. Einwanderung mongolischer Indianerstämme in Südamerika. Höhlenmalereien im Bergland von Piauí (Nordosten).

1494 Vertrag von Tordesillas nach einem Schiedsspruch von Papst Alexander VI.: Portugal erhält die Gebiete östlich, Spanien westlich einer Linie 370 Meilen westlich der Kapverden.

Kolonialzeit 1500–1822

1500 Pedro Álvares Cabral geht in der Nähe von Porto Seguro an Land. Ab 1534 wird das Land in 15 Lehensherrschaften *(capitanias)* eingeteilt.

1549 Salvador de Bahia wird Sitz der portugiesischen Kolonialverwaltung. Kriege gegen die Eingeborenen. Sklavenhandel. Christliche Missionen.

1550–1700 „Zuckerzyklus": Zuckerrohrplantagen, die von afrikanischen Sklaven bewirtschaftet werden, begründen die Blüte der Kolonie.

1580–1640 Spanisches Intermezzo.

1624–1654 besetzt die niederländische Westindien-Gesellschaft große Teile Nordostbrasiliens. Graf Johann Moritz von Nassau regiert 1637–1644 „Holländisch Brasilien" (Pernambuco).

1700–1775 „Bergbauzyklus". Gold- und Diamantenfunde in Minas Gerais führen zu einer ersten Siedlungswelle im Landesinneren.

1723 Die Einführung des Kaffeepflanze bewirkt Ende des 18. Jhs. im Südosten einen Wirtschaftsboom.

1763 Rio de Janeiro wird Hauptstadt.

1792 wird Tiradentes, der Anführer der *Inconfidência Mineira,* öffentlich gevierteilt. Die geheime Unabhängigkeitsbewegung ist damit gescheitert.

1808 flieht der portugiesische Königshof vor Napoleon nach Rio.

Kaiserreich 1822–1889

1822 Grito do Ipiranga (Unabhängigkeitserklärung) durch Dom Pedro I.

1824 Ausarbeitung einer neuen Verfassung. Erste Einwanderer aus Deutschland.

1831 Dom Pedro I dankt zugunsten seines fünfjährigen Sohnes ab. Ein Kronrat regiert.

1840–1889 regiert Dom Pedro II.

Um 1850 Industrialisierung im Südosten. Verbot der Sklaveneinfuhr. 1854 Bau der ersten Eisenbahn. 1870 entstehen neue Druckereien. Verbreitung der *Literatura de Cordel* (s. S. 21).

1888 Lei Aurea: Die Aufhebung der Sklaverei führt zu innenpolitischen und wirtschaftlichen Wirren.

Republikanische Zeit 1889–1963

1889 Sturz Dom Pedros II durch das Militär. Ausrufung der Republik.

1929 Weltwirtschaftskrise. Die Kaffeepreise brechen zusammen. Beginn starker Industrialisierung.

1930–1945 Getúlio Vargas wird durch einen Staatsstreich Präsident: 1932 Bürgerkrieg in São Paulo. 1937 Vargas begründet den *Estado Novo.*

1951–1954 Zweite Präsidentschaft von Getúlio Vargas – diesmal aufgrund demokratischer Wahlen.

1952 Gründung der Nationalen Entwicklungsbank, **1953** der staatlichen Ölgesellschaft *Petrobras.*

1954–1960 Nach dem Selbstmord von G. Vargas wird Juscelino Kubitschek Präsident; er verabschiedet 1956 einen Fünfjahresplan zur forcierten Industrialisierung.

1960 Einweihung der neuen Hauptstadt Brasília.

Militärdiktatur 1964–1984

1964–1969 Castelo Branco durch Putsch Militärpräsident. Ihn löst 1966 Costa e Silva ab.

1969–1974 Unter Garrastazu Médici Bekämpfung der Guerilla mittels Staatsterrorismus.

1974–1979 General Ernesto Geisel setzt sich als Präsident gegen die konservativen Militärs durch. Schrittweise Öffnung des Regimes.
1977 Erste Nationale Versammlung der brasilianischen Indianer.

1979 João Baptista Figueiredo Militärpräsident.

1982 Verschuldungskrise bricht aus.

Demokratie ab 1985

1985 Tancredo Neves, im Januar zum Präsidenten gewählt, stirbt im April. J. Sarney wird Präsident der Republik.

1986 Cruzado-Plan mit Preisstopp und Preiskontrollen.

1988 Neue Verfassung ohne die erhoffte Landreform. Indianer erhalten erstmals volle Bürgerrechte.

1989 Fernando Collor de Mello gewinnt die Präsidentschaftswahl.

1990 Der *Plano Brasil Novo* – Stabilisierung der Währung, Privatisierung der Wirtschaft sowie Liberalisierung des Außenhandels – scheitert.

1992 Umschuldungsverhandlungen. UNCED (Umweltkonferenz der Vereinten Nationen) in Rio de Janeiro. Präsident Collor muß wegen Korruptionsskandalen zurücktreten. Sein Vize Itamar Franco übernimmt das Amt.

1994 Todesjahr des Rennfahrers Ayrton Senna, des Landschaftsarchitekten Roberto Burle Marx (*1909) und des Musikers Tom Jobim (*1927). Neuer Präsident wird Fernando H. Cardoso.

Brasilianische Landschaft, 1829, nach Johann Moritz Rugendas

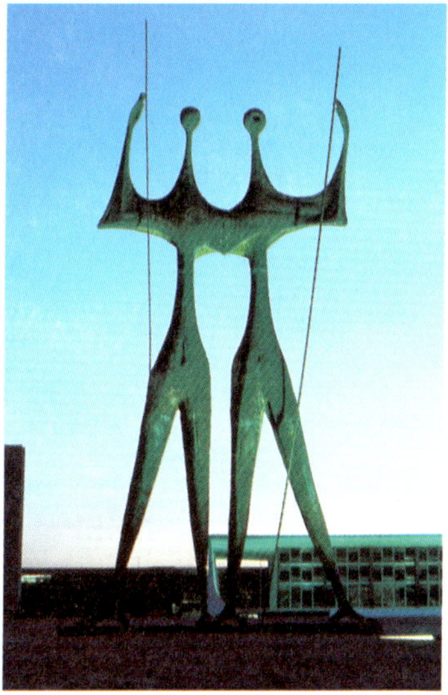

Denkmal für die Candangos, die Erbauer Brasílias

Kultur gestern und heute

Brasilien ist ohne seine indianische, afrikanische und koloniale Vergangenheit nicht zu verstehen, die in der Gegenwart als lebendige Tradition auftaucht: Indianische Mythen leben in Malerei und Tänzen weiter, während die Musik afrikanische Instrumente und Rhythmen integriert hat.

Beseelte Musik, rauschende Tänze

In der ersten Hälfte des 18. Jhs. entwickelte sich im Umfeld des Kirchenbarock in Minas Gerais erstmals eine eigenständige **klassische Musik.** Ihre Protagonisten waren in Bruderschaften organisiert. Eine nationale Ästhetik verlieh im 20. Jh. der herausragende Komponist und Dirigent Heitor Villa Lobos (1887–1959) als Vertreter der neueren Musik seinen Opern, Sinfonien und Kammermusikwerken.

Im Bereich der **populären Musik** offenbart die allgegenwärtige *Música Popular Brasileira* (MPB) ein reichhaltiges Kapitel brasilianischer Lebensart, voll Melancholie und Erotik. Der um 1870 entstandene, bis heute lebendige *choro* interpretiert europäische Musikformen wie Polka und Walzer. Gemischt mit afrobrasilianischen Tanzformen entstand daraus die *samba* (angolan.: *semba* – Bauchnabel), mit ihren mittlerweile rund 40 Varianten, die in den Sambaschulen gepflegt werden.

Samba und Jazz bis hin zur impressionistischen Musik beeinflußten den *bossa nova.* Er feierte 1958 in dem Song „Chega de Saudade" von Vinícius de Moraes seinen ersten erfolgreichen Auftritt mit Tom Jobim am Piano und dem Sänger João Gilberto. Der internationale Durchbruch kam als Filmmusik zu „Orfeu Negro" und in den Aufnahmen von João Gilberto und Stan Getz.

Der *tropicalismo* entstand 1967 in Salvador de Bahia als Ausdruck versteckten Widerstandes einer künstlerischen Bewegung. Vertreter wie Gal Costa, Gilberto Gil und Caetano Veloso nahmen die LP „Tropicália – Ou Panis et Circences" auf – bis dato die wichtigste Plattenveröffentlichung der MPB.

Aus regionalen Wurzeln nähren sich die **Musikstile des Nordostens:** der schnelle polkaähnliche *forró* (von engl. *for all*), der mit den Migranten in den Süden gezogene *baião*, bekannt geworden durch Luiz Gonzaga (s. S. 75), die *Música Sertaneja* des trockenen Hinterlandes und die bis nach Europa hinübergeschwappte *lambada.*

Zweifellos ist der **Karneval** (s. S. 29) mit Hochburgen in Rio, Salvador und Olinda das absolute Megafest. 360 Tage lang freuen sich vor allem die Favela-Bewohner auf die vier Tage rauschender Samba-, Frêvo- und Forró-Rhythmen. Jeder macht mit, alle Schranken fallen. Glitzernde Kostüme und Federschmuck stellen Motive indianischer Mythologie und Geschichte dar. Im Nordosten integriert der Karneval Tanzdramen und Volksspiele, wie bei *bumba-meu-boi* (s. S. 77) oder den *congos* oder *congadas,* wo Kämpfe oder die Krönung eines fiktiven afrikanischen Kongo-Königs im Vordergrund stehen. *Caboclinhos* stilisieren indianische Kampfhandlungen.

Vom Kolonialbarock zur modernen Architektur

Trotz Krankheit war *Antônio Francisco Lisboa* (1730–1814; s. S. 61) der Hauptschaffende des brasilianischen Kolonialbarock, der sich im 17. und 18. Jh. durch Assimilierung europäischer Stilformen unter Federführung portugiesischer Orden entwickelte. Die Städte Ouro Preto und Congonhas do Campo tragen seinen Stempel (s. S. 60, 63).

Nachdem die im 19. Jh. eingewanderten französischen Künstler klassizistische Formen betont hatten, leitete 1922 die erstmals veranstaltete „Woche der Modernen Kunst" *(Semana de Arte Moderna)* in São Paulo das *Movimento Modernista* ein. Damit rückte die Architektur Brasiliens in den Blickpunkt der Weltöffentlichkeit. Die von Le Corbusier beinflußte Moderne fand ihren Durchbruch in dem berufenen Dreigespann des Architekten *Oscar Niemeyer* (*1907), des Städteplaners *Lúcio Costa* (*1902) und des Landschaftsplaners *Roberto Burle Marx* (1909–1994). Schon vor dem kompletten Neubau der Hauptstadt Brasília (s. S. 80) kündigten Bauten wie die Kirche São Francisco in Belo Horizonte (s. S. 58), der Palast des Ministeriums für Erziehung und Gesundheit und das Museu de Arte Moderna in Rio (s. S. 34) die neue Richtung an. Einen regionalen, volkstümlichen Touch verliehen ihr die Fresken und Fliesenmalereien von *Cândido Torquato Portinari* (1903–1962).

Barockes Glanzstück: Convento de São Francisco, Olinda

Famoser Karneval in Olinda

Überall Lautsprecher

Brasilianer mögen es laut. Ob in der Seilbahn auf den Zuckerhut, im Taxi, im Omnibus, auf dem Busbahnhof, vor Geschäften – ohne Musik geht gar nichts. Und sie hallt überall und ununterbrochen aus der hilfreichen Erfindung der Lautsprecher. Auf öffentlichen Plätzen in kleinen Städten richten die Stadtverwaltungen vorsorglich Knisterkisten ein, damit nichts fehlt, was zur täglichen Hygiene mit der dröhnenden Akustik-Dusche gehört. Keine Sorge, der scheppernde Sound der Kneipenlautsprecher gefährdet die Kommunikation keineswegs. Ganz im Gegenteil: Der neueste *Pagode*, altbekannter *Samba* oder sentimentaler *Caipira* animieren mit ihrer rhythmischen Geräuschkulisse zu Tanz und Gespräch. Gestikulation ersetzt, was die Stimme nicht zu transportieren vermag. Da fährt ein Auto mit einem *som* (Lautsprecheranlage) auf dem Dach durch die Straßen. Musikuntermalt lädt eine donnernde Propagandastimme zum Fest am nächsten Wochenende ein, verkündet Politbotschaften oder preist Sonderverkäufe an. Die Krönung der mobilen Lautsprecher sind *trios elétricos*, auf Lastwagen montierte haushohe Lautsprecherwände beim Karneval. Menschenumringt und 1000 Watt stark befriedigen sie das Grundbedürfnis nach Musik und Lautstärke. Und selbst wenn in einem Provinznest nur ein paar Leute in einer Bar eine ruhige Billardkugel schieben, wackeln die Wände der Gasse im phonstarken Rhythmus.

Telenovelas

Täglich und pünktlich um 18, 19 und 20.30 Uhr steht eine Nation im Bann unendlicher Geschichten der *telenovelas* (wörtl. „Fernsehroman"). Hundert und mehr Folgen lang flimmern in melodramatische Episoden zerlegte Endlosromane von Liebe, Macht und Intrigen über die Bildschirme. Vom armen Landarbeiter vor dem batteriegespeisten Fernseher auf einer Amazonasinsel bis zum Sunnyboy im Penthouse an der Copacabana – alle fiebern mit ihren Heldinnen und Helden der neuesten Serie. Die Arbeit bleibt liegen, Termine werden telegerecht gelegt und Verabredungen abgebrochen, wenn sich „echte" Menschen des brasilianischen Alltags oder Figuren der Literatur ein Stelldichein geben.

„A Escrava Isaura" – die „Sklavin Isaura" – ging voller Emotionen auf die Sklavenzeit ein und wurde in 128 Ländern ausgestrahlt. *„O Casarão"* thematisierte die verkrusteten Gesellschaftsstrukturen der Herrenhäuser, *„Os Immigrantes"* griff auf die Ankunft europäischer Einwanderer zurück. Gegenwartsbezogene Serien orientieren sich an der Welt der Mittel- und Oberschicht und am Traum vom sozialen Aufstieg.

Marktführer der Traumfabriken ist *Rede Globo*, die viertgrößte Fernsehanstalt der Welt, mit der Inhaber Roberto Marinho umgerechnet 100 Mio. Mark im Jahr verdient. Der schärfste Konkurrent, *Rede Manchete*, erst 1983 unter der Ägide der Verlegerfamilie Bloch entstanden, griff im Kampf um Einschaltquoten aktuelle Umweltthemen auf. Mit der gigantischen Reichweite des Fernsehers dringt die Glitzerwelt in die hinterste Bretterhütte – zu Menschen, die oft nicht Zeitung lesen können und ihr eigenes Land erst über das Fernsehen kennenlernen.

Literatur und Filme mit Herzblut

In den kolonialen Anfängen stark von der **Literatur** des portugiesischen Mutterlandes abhängig, wandte sich die Prosaliteratur seit dem 19. Jh. verstärkt nationalen und gesellschaftlichen Themen zu. Die modernistischen Strömungen zu Beginn der 20er Jahre brachten Erschütterungen im gesamten Kulturbetrieb, die z. B. in *Mário de Andrades* (1893–1945) anarchistischem Epos „Macunaíma – der Held ohne jeden Charakter" Ausdruck fanden. Ab 1930 wurde im Zuge der Industrialisierung und zunehmender sozialer Konflikte der „regionalistische Roman", u. a. von *João Guimarães Rosa* (1908–1967), zum Sprachrohr der kleinen Leute.

Der international populärste Autor ist sicher *Jorge Amado* (*1936), der in seinen in mehr als 30 Sprachen übersetzten Romanen die koloniale Welt des Bahia der Schwarzen und Mulatten abbildet, weniger bekannt dagegen *Euclides da Cunha* (1866–1909). Sein zu Beginn des 20. Jhs. erschienenes monumentalen Epos „Os Sertões" schildert die Zustände im dürregeplagten Nordosten. Als Neuerer der Gegenwartsliteratur zeichnen *Rubem Fonseca* (*1925) und *Ignácio de Loyola Brandão* (*1936) in ihren Romanen schockierende Bilder brasilianischer Großstädte.

Mit dem *Cinema novo* befreite sich Brasilien in einer kurzen Blüte aus dem Status des Absatzlandes europäischer Produktionen. Der Sertão des Nordostens wird zur Bühne eines **Films**, der zunächst das karge Leben in Abhängigkeit von Großgrundbesitzern dokumentiert. Nelson Pereira dos Santos gelang mit 1963 „Vidas Secas" der Durchbruch, Glauber Rocha (1939 bis 1981) schuf im selben Jahr das absolut Neue und Explosive mit „Deus e o Diabo na Terra do Sol", indem er die Figuren der Volksmythologie neu auflädt. Doch heute dominieren nicht das „Bauernkino", sondern die *telenovelas*.

Volkskunst

Wenn sich auch die Alltagskultur stark an nordamerikanischen Vorbildern orientiert, so hält sich im Kunsthandwerk *(artesanato)* ein ungeheuerer Fundus regionaler Identität. Ob die gereimten Erzählungen der *Literatura de Cordel*, die in Heftchen an Schnüren *(cordel)* hängen, oder die Mensch-Tier-Zwitterwesen der Galionsfiguren *(carrancas)* der Schiffe des Rio São Francisco, immer sind die Kunstprodukte im Volksglauben verankert. Wie vor Generationen werden im Nordosten *Tonfiguren* gefertigt, die – teils in Gruppen – Szenen des einfachen ländlichen Lebens darstellen. Nhô Caboclo und Mestre Vitalino gehören zu den stillen Größen des Metiers (s. S. 76). Die Massenproduktion von Volkskunst ermöglicht der Landbevölkerung, ein wenig am Tourismus zu partizipieren. Auch Federschmuck der Indianer wird im Kunsthandwerk der *arte plumária* als Souvenirs kommerzialisiert. Ebenfalls aus dem Nordosten kommen schöne Spitzen und Stickereien, handgewebte Hängematten und Lederwaren.

Brasilianische Volkskunst ...

... Fundus nationaler Identität

Feste das ganze Jahr über

Januar: An Neujahr Prozession *Senhor Bom Jesus dos Navegantes* in Salvador; am 2. Donnerstag *Lavagem do Bonfim.*

Februar/März: 2. Febr. – Fest der mit der hl. Maria gleichgesetzten afrobrasilianischen Meeresgöttin *Iemanjá* in Salvador. Die letzten drei Tage vor Aschermittwoch tobt ganz Brasilien im Karneval.

April: Karfreitag, Ostern *(Pascoa)* mit farbenprächtigen Prozessionen in Ouro Preto und Passionsspielen in Nova Jerusalem. 21. April: Gedenktag für Tiradentes, besonders in Minas Gerais.

Mai/Juni: 1. Mai – Tag der Arbeit; Pfingsten *(Festa do Divino)*; Fronleichnam *(Corpus Christi).*

Juni/Juli: Festas Juninas in ganz Brasilien mit Höhepunkten am 12. Juni zum Tag des Ehestifters Santo Antônio und am 23./24. Juni zur Sonnwendfeier. Umzüge des *Bumba-meu-boi* (s. S. 77) in Maranhão.

7. September: Unabhängigkeitstag.

Oktober: Oktoberfest in Blumenau; 12. Okt.: Tag der Schutzpatronin Brasiliens, *Nossa Senhora da Aparecida.*

15. November: Gedenktag der Unabhängigkeit *(Grito do Ipiranga).*

Dezember: Weihnachten im kleinen Kreis der Familie, nur der 25. ist Feiertag; Silvester als Riesenparty an Stränden und auf den Straßen.

Am Samstag feijoada

Der Samstag vereint alle Brasilianer, ob Siedler im amazonischen Norden oder Viehhirte im tiefen Süden, ob Bankdirektor oder Hausmädchen, wenn die geliebte **feijoada** auf den Tisch kommt, ursprünglich ein Armenessen der *senzalas* (Sklavenhütten) aus Abfällen der Herrenhäuser. Rund zwei Stunden brodeln dafür schwarze und braune Bohnen, Rindfleisch, Schweinehaxen, -ohren und -schwänze und Wurststücke im Topf. Dazu serviert werden frische Orangenscheiben, würzige *farofa* (mit Zwiebeln geröstetes Maniokmehl), gedünsteter Grünkohl *(couve)* und weißer Reis *(arroz branco)*.

Ein weiteres Leibgericht der Brasilianer, aus Argentinien stammend, ist der *churrasco* (Spießbraten): Von langen Spießen weg schneidet der Kellner in der *churrascaria* dem Gast das gewünschte **Fleisch** direkt auf den Teller: Schulter, Nacken, Lende vom Rind. Auch Hühnerkeulen, Schweinesteaks und pikante Würstchen gehören zu dieser Hauptmahlzeit, denn die Brasilianer lieben – sofern sie es sich leisten können – große Fleischmengen. Zum Festpreis kann man soviel essen, wie man will, inklusive der Beilagen vom Salatbuffet.

Schnell auf den Tisch kommt in bürgerlichen Restaurants ein *prato comercial* oder *prato feito* mit Fleisch, Reis und Bohnen oder gebratenes Rindfleisch mit Ei, Pommes frites und Reis. *Misto quente,* ein mit Käse und Schinken belegtes, getostetes Sandwich, oder kleine Happen wie *empadas* oder *empadinhas,* fritierte Teigtaschen mit gehaltvollem Innenleben aus Hackfleisch, Palmherzen oder Käse, bereiten *lanchonetes* (Imbißbuden) und *pastelarias* (Konditoreien) zu.

Entlang der Küste und den großen Flüssen bestimmen **Fisch und Schalentiere** den Speiseplan. Sehr beliebt sind *peixe frito* (gebratener Fisch), *camarão frito* (gebratene Krabben) und *filé de peixe* (Fischfilet). Geschickte Hände erfordert das in Strandkneipen beliebte *Carangeijo*-Essen, bei dem in einer würzigen Brühe rot gekochte Krebse mit einem Holzstock zum Zerklopfen der Scheren auf den Tisch kommen. Das weiße Fleisch löst man mit den Fingern oder saugt es heraus.

Eine verbreitete Form der Konservierung ist das Trocknen. Überall auf den Märkten zieht einem der stechende Geruch von *bacalhau* (Stockfisch) in die Nase. Gewässert und mit Gemüsen gedünstet, ist er eine einfache Mahlzeit. Luftgetrocknetes Fleisch, *carne seca,* oder *carne do sol* (in der Sonne gedörrt) wird für Eintöpfe verwendet.

Geflügel. Das preiswerte Huhn *(frango)* wird in Bahia als Frikassee *(xinxim de galinha)* zubereitet, in Goiás als Pastete *(empadinha)* oder in Form einer kräftigen Suppe mit Reis, Tomaten und Zwiebeln *(canja)*. Für eine Spezialität aus dem Amazonas, *pato no tucupi,* wird gebratenen Entenstücken der aus dem Maniok entzogene scharfe Tucupi-Saft beigemischt und mit Jambu-Blättern garniert.

Brasilianer lieben **Süßspeisen.** Desserts wie *cocadas* – mit Zucker verbackene Kokosflocken, häufig auch von Straßenhändlern verkauft –, Puddings, in Sirup eingelegte Früchte und Eis *(sorvete)* lassen keine Mahlzeit zur Schlankheitskur werden.

Unter den vielfältigen **regionalen Küchen** schmeckt die afrikanisch und indianisch beeinflußte bahianische besonders exotisch. *Molho de pimenta* (Pfeffersauce), rötliches Palmöl *(azeite de dendê)* und Kokosmilch fehlen nie. *Vatapá* ist ein gekochter Mehlbrei, verfeinert mit getrockneten Krabben, Ingwer, Erd- und Cashewnüssen. Für die *moqueca* schmoren Fische, Krabben oder Gemüse in öliger Kokosmilchsauce. Köstlich schmecken *acarajes*, in den Straßen von Salvador angebotene frisch in Öl gebackene Bällchen aus Bohnenbrei. Beliebt ist auch *caruru* aus Okraschoten, Krabben und Cashewnüssen. (Küche von Minas Gerais s. S. 62.)

Wichtigstes unter den hochprozentigen **Getränken** ist der aus Zuckerrohr destillierte *aguardente* („Zahnwasser"), auch *cachaça* oder *pinga*. Die mit Limonen, Rohrzucker und Eiswürfel gemixte Cocktailvariante *caipirinha* oder mit Fruchtsäften oder Kokosmilch versetzte *batidas* munden gefährlich lekker. Styroporummantelt gehört eisig kaltes Flaschenbier *(cerveja)* der Sorten Bohemia, Antartica, Brahma, Cerpa und Skol zu einem Kneipenabend und wird oft im Stehen an Bars konsumiert.

Der Fülle tropischer Früchte besinnt man sich für gesunde Frischmacher, z. B. *água de coco* aus grünen Kokosnüssen, die mit Strohhalmen angeboten werden, *guaraná*, eine Limonade aus der Frucht der Amazonasliane, und Säfte über Säfte. Mit Milch gemixt entstehen daraus *vitaminas*. Trotz hoher Temperaturen wartet Brasilien auch mit heißen Getränken auf. Mate-Tee (s. S. 65) und den mit viel Zucker aus kleinen Tassen getrunkenen *cafezinho* kredenzt jeder gute Gastgeber.

Erfrischung im Stehen

Bananen zum Verlieben ...

Tropischer Früchtekorb

Neben deftigen Bohneneintöpfen und Fleischbergen bietet Brasilien reichlich gesunde Kost für einen vitaminreichen Urlaub. Der Tag beginnt mit einem *suco de laranja* aus Orangen, die meist unansehnliche, harte grüne Schalen haben. Hotels offerieren gleich zum Frühstück frisch gepflückte und mundgerecht zubereitete Früchte: *abacaxi* (Ananas), *melancia* (Wassermelone) oder *mamão* (Papaya), die unter ihrer oft leicht gelblichen Schale ein weiches, orangefarbenes Fleisch verbirgt, das mild schmeckt. Das Kauen einiger bitterer Papayakerne wirkt gegen Diarrhöe. Eher säuerlich mundet das gelatineartige Fruchtfleisch der *maracujá* (Passionsfrucht), das der pfirsichgroßen *goiaba* (Guave) erinnert an Erdbeeren. Das aromatische gelbe Fleisch der *manga* (Mango) ist in unreifem Zustand oft faserig und bleibt zwischen den Zähnen hängen. Die *jabuticaba* wächst als kleine kirschgroße Kugelfrucht direkt am Stamm. In die Pfanne oder in einen Kuchen kommen die großen Bananen, die ungekocht scheußlich schmecken. Zum Verlieben süß dagegen sind die kleineren Sorten *banana maçá* und *banana prata*.

Urlaub aktiv

Zu Wasser

Auf superleichten Brettern mit pfeilscharfen Spitzen schießen *surfistas* steile Wellenberge hinunter. Leichter tut sich der Europäer mit Windsurfen, Einhand-Segeln oder den motorradähnlichen verrückt-schnellen, wegen ihres ohrenbetäubenden Lärms allerdings nicht unumstrittenen Jet-Skis (Verleih an jedem größeren Strand, bei Resorthotels im Tagespreis eingeschlossen). Wer das Steuer lieber erfahrenen Kapitänen überlassen will, bucht die Ausfahrt auf einem *saveiro* (Segelschiff) oder mit Fischern auf den floßähnlichen *jangadas* im Nordosten.

Wundern der **Unterwasserwelt** kommt man mit Preßluftflaschen auf dem Rücken näher. Dazu laden besonders die felsigen Inseln der Costa Verde bei Rio de Janeiro oder die Archipele Fernando da Noronha und Abrolhos im offenen Atlantik ein.

ℹ bei den Tauchbasen vor Ort; sie verleihen auch die entsprechende Ausrüstung.

Zu Land

An vielen Stränden signalisieren handgesteckte Fußballtore und Netze für Strandvolleyball die Spielfreude der Brasilianer. Und sie freuen sich auch über Ihre tatkräftige Unterstützung im Team. Gleiches gilt für Jogging und Walking. Strandgymnastik mit Musik organisieren Hotels und Stadtverwaltungen. Ganz bequem sind Fahrten mit gemieteten vierrädrigen Motorrädern *(quadrociclos)* oder den besonders für fröhliche Gruppen geeigneten dickreifigen Strandbuggys.

Hauptsächlich in den gebirgigen Nationalparks des Landesinneren erfährt augenblicklich der „Ökotourismus" mit Landschaftserlebnis, Tier- und Vogelbeobachtungen einen starken Aufschwung. Zu **Trekkingtouren** mit Rucksack, Zelt und warmer Kleidung laden die frischen Höhen des Nationalparks Caparaó (s. S. 60) und der zweithöchste Gipfel Brasiliens, der Pico da Bandeira (2890 m) an der Grenze von Espírito Santo zu Minas Gerais, ein. Vom Pico das Agulhas Negras (2787 m) im Nationalpark Itatiaia sieht man bis nach Rio de Janeiro.

Eine der schönsten *Wanderstrecken* (42 km) verbindet in der Serra dos Órgãos die historischen Städte Petrópolis und Teresópolis (s. S. 38).

Schon lange von Naturliebhabern entdeckt ist die Serra da Bocaina zwischen Rio und São Paulo mit Wasserfällen und weitläufigem Wegenetz. Unzählige Routen starten im Staat São Paulo rund um die Städte Campos do Jordão und São Bento do Sapucaí (Pedra do Baú). Und der Nationalpark Aparados da Serra an der Grenze zwischen Santa Catarina und Rio Grande do Sul öffnet dem Wanderer Wege durch tiefe Bergtäler.

São José do Barreiro (bei São Paulo) ist beliebter Ausgangspunkt für Pferdetrekking:
ℹ **Pousada da Joaninha Silveiras,** ☎ (011) 66-7606, und
Fazenda Clube dos, ☎ 200 (011) 280-5966.

In der Luft

Beeindruckende Höhenerlebnisse bei ohrenbetäubendem Lärm ermöglichen Rundflüge mit Ultraleichtflugzeugen, die an Stränden starten. Näher an den natürlichen Aufwinden der Küstengebirge fliegt man mit Drachen *(asa delta)* oder Gleitschirm *(parapente)*. In Rio landen Doppelsitzer-Drachen (*vôo duplo:* ein Profi, ein Anfänger) täglich an der Praia do Pepino in São Conrado. Im Südstaat Santa Catarina dreht das „Gleitschirm-Lufttaxi" von Adventury & Fly (☎ 0473/71-8753) beim Badeort Camboriú seine Runden.

Reisewege und Verkehrsmittel

Anreise

Fast alle größeren Liniengesellschaften (z. B. Lufthansa und Varig ab Frankfurt/Main und Zürich) haben täglich Direktflüge nach Rio de Janeiro und São Paulo. Seltener sind Nonstop-Verbindungen nach Salvador und Recife. Transbrasil fliegt einmal pro Woche Wien – Fortaleza. Über günstige Charterflüge informieren alle Reisebüros.

Weiterflug

Wer den Atlantik mit Lufthansa oder Varig überquert, kann für die Inlandflugstrecken die 21 Tage gültigen **Varig Brasil Airpässe** vorab buchen. *Airpass 1* bietet für 540 US $ (490 US $ Nebensaison) 5 Flüge landesweit. Bis zu 4 weitere Coupons lassen sich für je 100 US $ kaufen. 4 Flüge in Zentral- und Südostbrasilien ermöglicht *Airpass 2* (400 bzw. 350 US $). Die Strandparadiese des Nordostens erschließen die 4 Flüge des *Airpass 3* (340 bzw. 290 US $).

Flughafengebühren für nationale Flüge 9 US $, für internationale 18 US $. Vor dem Einchecken bezahlt, verhindern sie Verzögerungen bei der Abfertigung.

Weiterfahrt

Auf dem Haupttransportweg Straße (insges. 1,4 Mio. km) rollen zwischen allen Zentren preiswerte **Überlandbusse:** normale *ónibus-conventional* oder mit bequemen Liegesesseln ausgestattete, doppelt so teuere *leitos*. Wo kein Bus hinfährt, da ist das Ende der Welt. Wie im Flugzeug wird jeder Platz *(poltrona)* einzeln verkauft. Die Fahrkarte *(passagem)* holt man sich am besten im voraus am jeweiligen Busbahnhof *(rodoviária)* oder bei einer Agentur. Entgegen europäischen Vorstellungen

Rio im Radfieber

Weniger aus Umweltbewußtsein, sondern eher aus dem Hang zu aktiver Betätigung erlebt das Radeln auf Moutainbikes in Brasilien einen enormen Boom. Kleine Verleihstationen finden sich in jeder größeren Stadt. Außerdem gehören Radlerhose und Sonnenbrille ins Gepäck, will man nicht zwischen den höchst sportiv gekleideten Brasilianern eine schlechte Figur machen. Für gefahrlose Touren sperrt die Stadtverwaltung in Rio de Janeiro jeden Sonntag von 7–18 Uhr die Strandstraßen halbseitig. Pulks von Radlern sausen dann dort über den Asphalt, wo sonst Blechkarossen vor sich hinstinken.

Ein Radweg folgt den Stränden Leblon, Ipanema, Copacabana und begleitet die Ufer der Lagoa Rodrigo de Freitas. Die nach dem krummbeinigen Fußballer Mané Garrincha benannte Spur führt von Copacabana durch einen Tunnel weiter bis ins Zentrum. Am Südende der Copacabana liegt der Fahrradverleih **BIKE Brasil** (R. Francisco Otavianao 20-B, ☏ 287-8979). Ansonsten bieten Verleihe mit wechselndem Standort an der Strandpromenade ihre Dienste an.

rollen die Riesen der Landstraßen auf die Minute genau aus den Terminals der Großstädte. Je weiter entfernt die privaten Linien jedoch von den großen Zentren verkehren, desto mehr richten sich die Abfahrts- und Ankunftszeiten nach Wetterverhältnissen, Straßenzustand und Passagierwünschen.

Auch der **innerstädtische Busverkehr** verfügt über ein dichtes und sehr günstiges Netz. Nach Einstieg in die temperamentvoll bewegten Personentransporter zahlt man beim *cobrador* und passiert dann ein Drehkreuz. **U-Bahnen** (Metro) besitzen São Paulo, Rio de Janeiro, Belo Horizonte und Recife.

Eisenbahnen fahren in Brasilien nur auf einigen Strecken, ein echtes Netz gibt es nicht. So spielt dieses Transportmittel außer für Erlebnistouren kaum eine Rolle. In 34 Stunden zuckelt eine Linie von São Paulo nach Corumbá an den Rand des Pantanal. Bei der dreistündigen Fahrt durch das Küstengebirge von Curitiba nach Paranaguá (s. S. 66) führen die Gleise zeitweise an senkrechten Felswänden vorbei.

Taxis, erkenntlich an ihren roten Nummernschildern, gibt es in den Städten in drei Kategorien: telefonisch rufbare, klimatisierte Luxuslimousinen, einfachere *Radió*-Taxis und billige, meist gelbe *taxis comum.* Anhand von Umrechnungstabellen werden die Taxameterpreise – der Inflation entsprechend – kalkuliert. Bei Fahrtantritt vereinbarte Preise ersparen später oft Ärger.

Neben den internationalen Agenturen für **Mietautos** (nur gegen Kreditkarte) bieten *locadoras* etwa für Strandausflüge geländegängige Buggys an. Der Abschluß einer zusätzlichen Vollkaskoversicherung wird empfohlen, da der Mietpreis keine Haftpflicht einschließt.

Vorsicht ist auf Stadt- und Überlandstraßen vor „liegenden Polizisten", den *quebra molas* oder *lombadas,* geboten: Die betonierten Fahrbahnhindernisse reduzieren die Geschwindigkeit auf rigorose Weise.

Unterkunft

Das Spektrum der *apartementos* (Zimmer, Wohnung) reicht von der *suite presidencial* internationaler Luxuskategorie bis zum Mehrpersonenraum lokaler Hängematten-*pousadas.* Ob Fünfsternehotel der Hilton-Klasse oder Billigherberge, eines trifft alle Gäste gleich: die tropische Hitze. Einzig eine frische Meeresbrise, regulierbare Klimaanlage oder der Notbehelf eines surrenden Ventilators schaffen erholsame Nachtstunden. Bei der Wahl der Unterkunft sollten also immer das Raumklima und die Lage beachtet werden. Nach Osten gewandte Zimmer bekommen nur die schwächere Morgensonne ab und profitieren im heißen Nordosten des Landes vom Passatwind.

Klassifizierung. Die blitzenden Plaketten der staatlichen Fremdenverkehrsgesellschaft EMBRATUR am Hoteleingang informieren zunächst nur darüber, daß das Hotel klassifiziert wurde. Die Anzahl der Sterne (* bis *****) ist jedoch kaum mit europäischen Standards vergleichbar und sagt nichts über Lage und Atmosphäre des Hauses aus. Internationalen Kategorien entsprechen meist nur die Häuser großer Hotelketten. Nichtklassifizierte Hotels liegen bisweilen günstig im Zentrum der Städte. In den großen Hotels der Küstenstädte mischen sich beim Frühstücksbuffet munter Geschäftsleute in Anzügen mit Gästen in Badekleidung – kein Problem: für Badeurlauber *(banhistas)* fahren häufig extra Aufzüge.

Die **Preise** der Hotellerie richten sich nach Personenzahl, Saison und Aufenthaltsdauer. Unter *diária simples* ist die Übernachtung mit Frühstück *(café da manha)* zu verstehen. Für Strandresorts und Urlaubshotels bieten Reiseveranstalter oft sehr viel günstigere Preise an, als man sie bei direkter Individualbuchung erzielt. Nachlässe in der

Nebensaison bis zu 20 % und 100%ige Steigerungen während der Hautreisezeiten sind üblich. Spitzen innerhalb der **Hochsaison,** die von Dezember bis Juni reicht, sind Weihnachten bis Anfang Januar, Karneval und der Ferienmonat Juni. In der Hochsaison empfehlen sich **Reservierungen** im voraus per Fax oder Telefon.

Luxus im Kolonialstil: Hotel Solar Nossa Senhora do Rosário, Ouro Preto

Die rund um die Uhr verwöhnten Gäste der teuren und meist luxuriös ausgestatteten **Resorthotels** brauchen die Anlage während des ganzen Urlaubs nicht zu verlassen. Vom Beauty-Salon, über Sport und Shopping bis zur abendlichen Live-Musik wird alles geboten, was den Aufenthalt angenehm macht.

Aparthotels vermieten großzügige Apartments mit Küchenzeilen. Hier ist am besten aufgehoben, wer mit der Familie unabhängig von Restaurants die Verpflegung selbst in die Hand nimmt.

Fliegen auf brasilianisch: Warum nicht mit Papagei im Cockpit?

Pensionen, sog. **Pousadas,** finden sich in großer Zahl in kleinen Orten am Meer und im Landesinnern. In den Häuser mit wenigen Zimmern wohnt der Gast „nahe" am Land. Die Atmosphäre der von Familien geführten Unterkünfte ist persönlich, die Lage meist nahe an Natur oder Ortsgeschehen.

Die Form der **Hotel-Fazendas** hat sich am stärksten im Pantanal verbreitet. Die Gäste haben dort Anteil am rustikalen *Fazenda*-Leben, vom Schlachten des Rindes für das Mittagessen bis zum Pferdeausritt und der nächtlichen Bootsfahrt.

Die **Motels,** oft an Ausfallstraßen, vermieten ihre Zimmer stundenweise! Hier treffen sich Paare zu ungestörten Liebesabenteuern.

Tip zur Reiseorganisation

Neben den großen Pauschalreiseveranstaltern bietet DERTour individuelle Brasilienbausteine an. Zu den ausgesprochenen Brasilienspezialisten mit umfangreichen Katalogen gehören: Reisebüro **Ruppert,** Grillparzerstr. 31, 81675 München, ☎ (0 89) 4 70 80 57, ℻ 47 21 27, oder in Stuttgart, ☎ (07 11) 9 55 97 70, ℻ 95 59 77 11, und **Sol e Vida,** Rugendasstr. 7, 81479 München, ☎ (0 89) 7 91 70 31, ℻ 79 83 56.

***Rio de Janeiro

Cidade maravilhosa

Wie durch den Stadtkörper gestanzt tragen langgestreckte Hügelketten majestätisch die weiche Decke des Küstenurwaldes. Unterhalb der steil abstürzenden Wände machen die Hochhäuser und Villen respektvoll halt. Im salzigen Dunst des Meeres komponieren die Strände ihre abwechslungsreiche Melodie. Eine Aussicht folgt der anderen, ein überwältigender Eindruck dem nächsten. Frech wie eine Nasenspitze ragt der blanke, sonnengewärmte Zuckerhut des Pão de Açúcar ins Meer vor der Guanabara-Bucht. Gegenüber, am Rand des Tijuca-Massives, spannt der überlebensgroße Christus seine Arme weit über dem Rücken des Corcovado.

In den flachen Niederungen setzten technische Jahrhundertwerke an: die Bahnen auf Zuckerhut und Corcovado, das weltgrößte Fußballstadion Maracanã, die zweistöckige Autobahn *Linha Vermelha* zwischen Südzone und internationalem Flughafen Galeão, der ins Meer geschüttete Flughafen Santos Dumont und die Stelzenbrücke über die Bucht nach Niterói.

Die tropische Kulturhauptstadt und Kapitale des gleichnamigen Bundesstaates besitzt neben den aufregendsten Stränden Brasiliens, ausgedehntem Küstenurwald und Parks imposante historische Bauten, interessante Kongreßgebäude und Einkaufszentren. So hoch, wie luxuriöse Apartmenthäuser aufragen, stapeln sich die Hütten der *favelas* an den rutschigen Hügelhängen. Doch ob Existenzkampf oder Luxus, in der Stadt des Samba und des Karnevals regiert sonnige Lebensfreude, und den 5,5 Mio. Einwohnern Rios hängt der Ruf von Lebenskünstlern nach.

Kampf um Land

Das **alte Rio** liegt im Meer. Als Kapitän André Gonçalves am Neujahrstag des Jahres 1502 mit seinem Schiff in die Guanabara-Bucht einlief, hielt er sie für eine Flußmündung und taufte sie „Januarfluß", portugiesisch „Rio de Janeiro". Im Jahr darauf begann der Portugiese Gonçalo Coelho mit dem Bau einer kleinen Niederlassung am Urca, dem kleinen Berg unterhalb des Zuckerhutes. Die Indianer nannten das Haus des weißen Mannes *Carioca* – bis heute der Name für Rios Einwohner.

1555 errichtete der französische Admiral Nicolas Durand de Villegaignon auf der östlichen Seite der Bucht sozusagen als Torpfosten die **Fortaleza de Santa Cruz** (heute Niterói, S. 38) und die Kolonie *La France Antarctique*. Im Gerangel um die Vormacht gründete der Portugiese Estácio de Sá am 1. März 1564 das heutige Rio als *Cidade de São Sebastião do Rio de Janeiro,* dessen Schutzpatron bis heute der hl. Sebastian ist.

Ein Jahr später war die **Fortaleza de São João** (Stadtteil Urca) am Fuße des Zuckerhutes fertiggestellt, und 1567 hatte Portugal die letzten Franzosen vertrieben. Als sie 1710 wiederkamen, erging es ihnen schlecht. Ihr Anführer, der Freibeuter Jean-François Duclerc, und viele seiner Soldaten kamen ums Leben. Aus Rache für seine toten Kameraden plünderte und zerstörte René Duguay-Trouin Rio, was ihm die mangelnden Schutzmaßnahmen des Gouverneurs Castro Morais erleichterten.

Wo der *Morro do Castelo* abgetragen und die Stein- und Erdmassen ins Meer geschüttet wurden, entstand im 18. Jh. die **neue Stadt.** Damit ging das alte Zentrum unter, das der portugiesische Gouverneur Mem de Sá nach dem Sieg über die Franzosen auf den Hügel verlegt hatte. 1763 war die Hafenstadt zur Hauptstadt aufgestiegen, da der Vizekönig dort näher an den neuentdeckten Gold- und Diamantenlagern saß. Auf der Flucht vor Napoleon rückte 1808 der portugiesische Hof unter João VI an. Unter seinem Sohn Pedro I erlangte Brasilien die Unabhängigkeit, doch erst im Goldenen Zeitalter unter Pedro II (1840–1889) kam der Aufschwung: Gasbeleuchtung statt Tranlampen, Dampfschiffe nach Europa und Pferdebahnen. Anfang des 20. Jhs. rollten die ersten Autos über die neue Hauptstraße *(Av. Rio Branco)*, und später setzte sich mit dem Bau des Flughafens die Entwicklung zur internationalen Metropole fort.

Samba-Shows das ganze Jahr

Karneval – ein Jahr Arbeit für 90 Minuten

Wenn der Karnevalsverein *Mocidade Independente de Padre Miguel* am Faschingsdienstag die 700 m lange Aufmarschstrecke des Passarela do Samba (Av. Marques de Sapucai) durchtanzt, ist das der Höhepunkt eines arbeitsreichen Jahres. Im wohlorganisierten Durcheinander bestimmt das lautstarke Trommeln der *baterias* (Musikkapellen) den Samba-Hit, der die Menge durchwogt und schon Wochen vorher aus den Radios tönt.

Hinter allem verbirgt sich hartes Training, das ab Dezember auf Hochtouren läuft. An Wochenenden finden öffentliche Auftritte in den Sambaschulen statt, und in den Hallen der *barracões,* riesigen Handwerksbetrieben, herrscht seit August emsige Geschäftigkeit: Die *carros alegóricos* (Karnevalswagen) werden geschweißt, hausgroße Figuren aus Glasfaserformen zusammengebaut und Tausende von Kostümen geschneidert. Rund 500 Leute arbeiten für den großen Auftritt, denn längst ist der Karneval zu einem Gewerbezweig geworden. Das Geld fließt aus dem Stadtsäckel, der Lotterie, dem Kartenverkauf für Veranstaltungen, privaten Spenden und Siegerprämien.

Ein kreativer Kopf steckt hinter der Mammutinszenierung jeder Schule. In einem kleinen Raum mit Reißbrett und Klimaanlage entwickelt der *carnavalesco* Renato Lage für *Mocidade* Ideen, Themen und Motti aus dem Alltag, die für den Ausmarsch *(desfile)* in ausgeklügelter Choreographie, aufwendigen Kostümen und passender Musikuntermalung in Szene gesetzt werden: die Entdeckung Brasiliens, das Zusammenleben der Rassen, Folklore des Nordostens, Einwanderer aus Europa, die Ausbeutung der Natur. In der eigenen Schneiderei entstehen mit flinken Händen Kostüme, die mit glänzenden Folien und Abertausenden Perlen besetzt sind. Kein Aufwand ist zu groß, jeder Karnevalsverein will der schönste sein.

Unter den 100 000 Zuschauern auf den Betontribünen des *Sambódromo* sitzen am Tag des Umzuges kritische Juroren. Sie bewerten, ob unter den fast 60 auftretenden Sambaschulen *Mocidade* und 15 weitere Schulen in der ersten Liga bleiben. Die Konkurrenz ist hart, denn in Rio arbeiten, alle Vereine zusammen genommen, rund 120 000 Aktive fieberhaft an ihrem Erfolg – und das Jahr für Jahr.

Quer durch das Zentrum

Zur Sonntagsmesse um 10 Uhr füllen die Stimmen eines Chorals die außen strenge dreischiffige, an vergoldeten barocken Holzschnitzereien reiche Klosterbasilika der Kirche ****São Bento ❶** (Dom Gerardo 68), erbaut 1633 zusammen mit dem Kloster von Francisco de Frias de Mesquita. Autos, die bis vor die offenen Türen rollen, stören dabei kaum die fromme Andacht.

Etwas unterhalb des Klosterhügels *Morro de São Bento* umschlingt der zwölfspurig lärmende Verkehr der Avenida Pres. Vargas, einer brutal durch die Stadtmasse gebrochenen Ausfallstraße, die massigen Gemäuer der klassizistischen Kirche ***Nossa Senhora da Candelária ❷** (🕓 Mo–Sa 8–12 Uhr, So 9–13, Seiteneingang tgl. 13.30–16.30 Uhr). Der linke Turm trägt eine Uhr, die Datum und Wochentag anzeigt.

An der *Praça Pio X* beginnt der „Kultur-Korridor", dominiert vom einstigen Firmensitz des **Banco do Brasil ❸**, heute öffentliches Kulturzentrum. In der Eingangshalle flimmert Wissenswertes über Rios Kulturgeschehen von Computerbildschirmen. Gelegentliche Ausstellungen, z. B. über das Rio des 19. Jhs., zeigt das Kulturzentrum in der **Casa França-Brasil ❹** gegenüber (Visc. de Itaborai 78). Das klassizistische frühere Zollgebäude *(Alfândega Antiga)* mit Holzsäulen wurde 1852 errichtet.

Auf der Kulturmeile geht es nun durch den **Espaço Cultural do Correio ❺** (1 de Março) mit einer Ausstellung zu Telegraphie und Stadtgeschichte. Eng stehen sich die Fassaden in der *Travessa do Comércio* mit ihren Balkönchen und zweigeteilten hohen Türen gegenüber. Der Bogen des *Arco do Telles*, Überrest des 1790 abgebrannten Stadtpalastes der Familie Telles de Menezes, ist ein Schlupfloch zur *Praça 15 de Novembro* (Sa 9–18 Uhr Antiquitätenmarkt), den die schlichte spätbarocke Pracht des ****Paço Imperial ❻** überstrahlt. Von dem Militärarchitekten José Fernandes Pinto Alpoim entworfen, hat der Palastbau (1743) eine bewegte Karriere hinter sich: Residenz, Lagerhaus, Bankhaus, Postgebäude, Gouverneurspalast und heute Kulturzentrum.

Vorbei am **Museum für Schiffahrt und Meereskunde ❼** (Dom Manuel 15, ☏ 221-7616; 🕓 nachm.) mit Reproduktionen von Karten und Schiffsmodellen der Entdeckerzeit führt der Weg zum **Museu da Imagem e do Som** (Bild-und-Ton-Museum) **❽** (Pça. Rui Barbosa, ☏ 262-0309; 🕓 nur Sa nachm.), das einen Einblick in die Welt der brasilianischen Musik bietet (s. S. 18).

Das **Museu Histórico Nacional ❾** (Pça. Mal. Âncora, ☏ 220-5450; 🕓 Sa, So, Fei nachm.) besitzt eine Sammlung von Möbeln, Kunstgewerbe und Malerei. Hinter der gegenüberliegenden Kirche **Nossa Senhora do Bonsucesso ❿** erhob sich früher der Morro do Castelo, Zentrum der alten Siedlung.

An der quer durch das Zentrum geführten Avenida Rio Branco bestimmen drei wuchtige Gebäude die als *Praça Cinelândia* bekannte *Praça Floriano:* Das **Teatro Municipal ⓫** (☏ 210-2463) vom Ende des 19. Jhs. bietet Opern und Konzerte; das **Museu Nacional das Belas Artes ⓬** (☏ 240-0160; 🕓 Sa, So nachm.) dokumentiert die brasilianische Malerei – von den europäischen Landschaftsmalern des 17. und 18. Jhs. bis hin zu den zeitgenössischen Künstlern (Cândido Portinari, Emiliano Di Cavalcanti). Mit 3 Mio. Druckschriften ist die **Biblioteca Nacional ⓭** größte Bibliothek des Landes.

Largo da Carioca und Santa Teresa

Durch das Gedränge der Straßenhändler geht es Richtung Süden zum *Largo da Carioca*. Dort beginnt die Avenida República do Chile. 1964 bis 1976 entstand an ihr die moderne **Kathedrale São Sebastião de Rio de Janeiro ⓮**, in deren mit Schlitzen belüfteten Betonkegel von 100 m Durchmesser 20 000

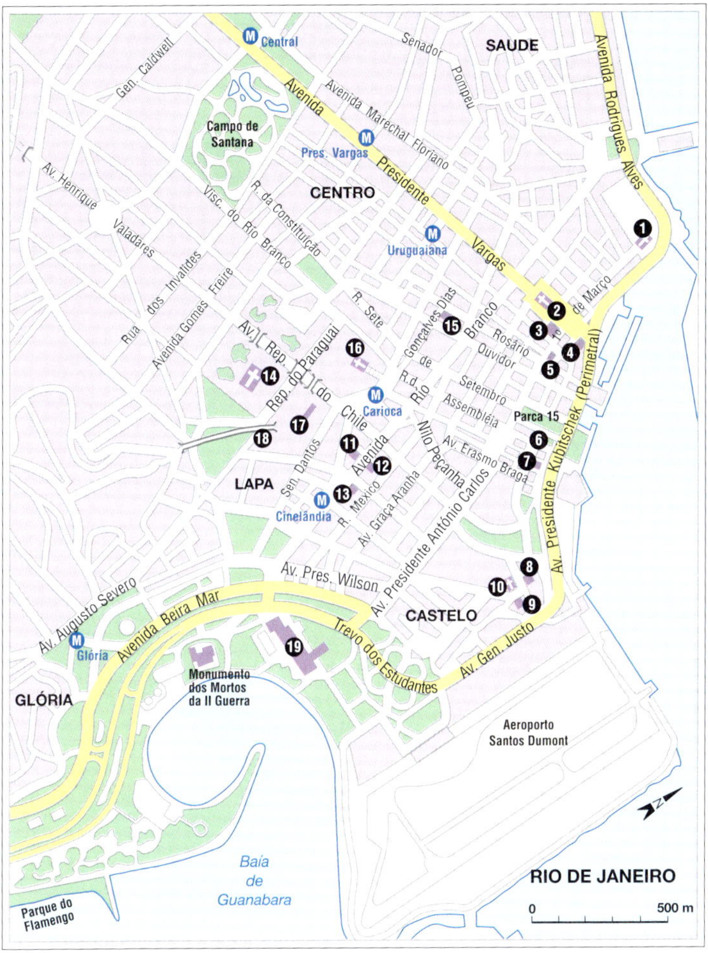

1. Kirche São Bento
2. Nossa Senhora da Candelária
3. Banco do Brasil
4. Casa França-Brasil
5. Espaço Cultural do Correio
6. Paço Imperial
7. Museum für Schiffahrt und Meereskunde
8. Museu da Imagem e do Som
9. Museu Histórico Nacional
10. Nossa Senhora do Bonsucesso
11. Teatro Municipal
12. Museu Nacional das Belas Artes
13. Biblioteca Nacional
14. Kathedrale São Sebastião de Rio de Janeiro
15. Confeiteria Colombo
16. Convento de Santo Antônio
17. Straßenbahn
18. Arco da Lapa
19. Museu de Arte Moderna

Menschen passen. Die Farbtöne der Verglasungen symbolisieren die Aufgaben der Kirche: Grün die Einigkeit, Rot die Heiligkeit, Gelb die apostolische Mission und Blau die Ökumene.

Eine Verschnaufpause verspricht in der Rua Gonçalves Dias die 100 Jahre alte **** Confeiteria Colombo ⓯**. „Der Kunde hat immer recht“ steht auf einer Tafel zwischen den mit amazonischem Jacarandá-Holz gefaßten belgischen Spiegelgläsern. Vera de Barros Jorge, Urenkelin des Gründers von 1894, führt die gastliche Tradition im Stil der Belle Époque weiter (◷ Mo–Sa).

Im Zentrum der Fußgängerzone am Largo da Carioca schwebt ein Aufzug hinauf zur Klosteranlage **** Convento de Santo Antônio ⓰** (◷ Mo–Fr 8–18, Sa, So 9–11, 16–18 Uhr). Der gepflasterte Vorplatz, Rios Publikumsbalkon, scheint von den schleifenden Kutten der Franziskaner blank poliert. Die schlichte Kirche von 1653 besitzt einen aufwendig verzierten Chor, den ein Gitter vom Kirchenschiff trennt.

Nördlich des Klosters wurde die Kirche **** Ordem Terceira de São Francisco da Penitência** erbaut, reich mit barocker Sakralkunst ausgestattet und 1773 geweiht. Beim Abstieg über die Treppen sieht man das an den Ecken würfelförmig ausgesparte Verwaltungshochhaus der Ölgesellschaft **Pedrobrás** (staatl.).

Hinter dem öffentlichen Park von Petrobrás liegt die Rua Prof. Lélio da Gama. Dort fährt der *bonde* ab, eine alte offene **Straßenbahn ⓱**, bewacht von einem Militärpolizisten mit lockerem Revolver. Der Kassierer turnt wie ein Papagei über das hölzerne Trittbrett von Sitzbank zu Sitzbank. Braungebrannte Jungen in Shorts springen in den Kurven auf. Sie wissen: Wer draußen hängt, bezahlt nichts. Über die ausgefahrenen Schienen auf dem früheren Aquädukt **Arco da Lapa ⓲** aus dem 18. Jh. sägt die Bahn ab 5 Uhr morgens (letzte Auffahrt 23.40 Uhr) alle 15 Minuten steil hinauf zum Künstlerviertel **Santa Teresa.**

Das Museum *** Chácara do Céu** (Murtinho Nobre 93; ◷ Mi–So 12–17 Uhr), ehemals Haus des Unternehmers Raymundo Ottoni de Castro Maya (1894 bis 1968), steht auf der Kuppe des *Morro do Curvelo* inmitten eines 25 000 m^2 großen Parks. Nicht weniger bezaubernd als die Ansichten auf das Rio vergangener Tage, die im Museum zu besichtigen sind, ist der heutige Blick durch Palmen und Bambussträucher hindurch auf die Guanabara-Bucht. Portinaris (1903–1962) Kreidezeichnungen der Abenteuer des Don Quijote liegen wie die Aquarelle Jean-Baptiste Debrets (1768–1848) von Sklaven, Indianern und der tropischen Natur in verglasten Schubladen.

Zur Weiterfahrt von Santa Teresa dient ein Taxi oder der *bondinho,* wie die Straßenbahn im Volksmund genannt wird. Die Linie *Dois Irmões* endet an der Praça do Neve, die Linie *Paula Mattos* fährt auf dem bewaldeten Bergrücken entlang zum Fuß des Corcovado. Die Straße zum Gipfel windet sich hier durch den Bergwald (So für Autoverkehr gesperrt).

Corcovado

Im Stadtteil *Cosme Velho* beginnt der Aufstieg zur 30 m hohen **Christusstatue,** die seit 1931 als Wahrzeichen Rios ihre Arme weit über den „Buckligen“ breitet. Von der blau-weiß gestrichenen Talstation der *ESFECO* (*Estrada de Ferro do Corcovado,* ☎ 285-2533; ◷ 8.30–18.30 Uhr) klettern halbstündlich, bei großem Andrang alle 20 Min., zwei rote, in der Schweiz hergestellte Zahnradwägen auf 704 m Höhe. Dom Pedro II weihte bereits 1884 die dampfbetriebene Bergbahn ein; der 1910 für 66 Personen ausgelegte Elektrozug war der erste in Brasilien. Besonders auf der rechten Seite lassen sich bei der Auffahrt herrliche Blicke über die Lagune *Lagoa Rodrigo de Freitas* einfangen.

Blick vom Corcovado über die Botafogo-Bucht zum Zuckerhut

Strandgesellschaft

Unglaubliche Lebenslust, Körpergefühl und Gemeinschaftssinn machen die wenigen Strandkilometer der beiden sichelförmigen Buchten in den Stadtteilen **Copacabana** und **Ipanema,** Laufsteg erotisch-knappster Bademoden, zu einem der beliebtesten Freizeitparks der Welt. Neben bronzebraunen Sonnenanbetern toben sich Volleyballspieler aus, auf der Uferpromenade kurven walkmanbehängte Jogger zwischen Spaziergängern. Auf dem zweispurigen Radweg wetteifern Mountainbikes mit Rollerskates. Aktion ist angesagt – ganztägig und ganzjährig.

Brasilianer lieben die Sonne und verbringen am liebsten den lieben langen Tag in Gesellschaft von Freunden und Familie. Ob alt oder jung, arm oder reich, am Strand, dem größten Kontakthof der Großstadt, sind alle gleich. Die Anonymität vor der gleichförmigen Hochhauslinie verliert sich an den planenüberspannten Verkaufsständen, wo eisgefüllte Styroporwannen heißbegehrte Getränke kühlen: Bier, Kokoswasser, Mate-Tee... Barfuß kämpfen fliegende Händler im heißen Sand um ihre Existenz und preisen lauthals an, was sie seit Stunden über schleppen. Längst haben auch Firmen entdeckt, wie sie die sonnenbraune Konsumgesellschaft mit Werbebotschaften erreichen, und lassen Motorflugzeuge mit Reklamefahnen die Strandlinie abfliegen.

Zwölf numerierte *postos,* umgitterte Betontürme mit Toilette, Dusche und Plattform für die Wasserwacht, sind die Orientierungspunkte für die im gleißenden Sonnenlicht zeitweise orientierungslose Strandgesellschaft. Damit denen, die das Geld haben, nichts geschieht, patrouillieren zur Hochsaison rund 1000 Kräfte der Touristenpolizei.

Jaca-Bäume und vogelgroße Schmetterlinge ziehen an den Fenstern vorbei.

Vor Verlassen von Cosme Velho lohnt sich ein kurzes Verweilen in der Ruhe des **Largo do Boticário,** eines Ensembles aus denkmalgeschützten Kolonialbauten des 18. Jhs. In der Rua Cosme Velho 561 zeigt das *Museu Int. de Arte Naïf* Beispiele naiver Malerei (🕓 Di–Fr 10–18, Sa, So, Fei 12–18 Uhr).

Kultur per Metro

Ein Tauchgang in die kühle Welt der Metrolinie 1 beginnt nach einem Besuch im **Museo do Indio** (Rua das Palmeiras 55; 🕓 Mo–Fr 10–17 Uhr), das über die reiche Kultur der Indianerstämme informiert, an der südöstlichen Endstation *Estaçao Botafogo* gleich beim Shopping-Center Rio Sul.

Bei der Haltestelle *Largo do Machado* setzt auf einem Hügel die **** Igreja Nossa Senhora da Glória do Outeiro** (🕓 Mo–Fr 8–12, 13–17, Sa, So 8–12 Uhr) ein weithin sichtbares Zeichen über dem Strand von Flamengo. Schiff und Chor der 1714 von J. Cardoso Ramalho erbauten Kirche gehen als Achteckräume ineinander über, der Eingang ist reich mit blau bemalten portugiesischen Kacheln *(azulejos)* geschmückt.

Zweiter Ausstieg mit Kulturanschluß ist *Catete* mit dem **Palácio do Catete** (Mitte 19. Jh. von Gustav Wähneldt), in dem sich Präsident G. Vargas 1954 das Leben nahm. Heute dient das Gebäude in Renaissanceformen als *Museum der Republik* (🕓 Di–Fr 12–15 Uhr).

Von der nächsten Station *Glória* aus überquert eine längerer Spazierweg eine der Betonbrücken über die *Avenida Beira Mar.* Auf der anderen Seite beginnt der ins Meer aufgeschüttete, von dem Landschaftsarchitekten Burle Marx gestaltete **Parque do Flamengo.** Er ist Teil eines großräumigen Stadtentwicklungsprogramms, durch das seit Mitte der 30er Jahre das moderne Rio sein geschlossenes Aussehen erhielt. Auch das **Museu de Arte Moderna** ⓳

(🕓 Di–So 12–18 Uhr) auf staksigen Betonbeinen, gestaltet in den 50er Jahren von Oscar Niemeyer (s. S. 19), fügt sich in diesen baulichen Kontext.

Von der Metrostation *Cinelândia* kann man zum *Largo da Carioca* (s. S. 30) und zur *Praça Onze* weiterfahren.

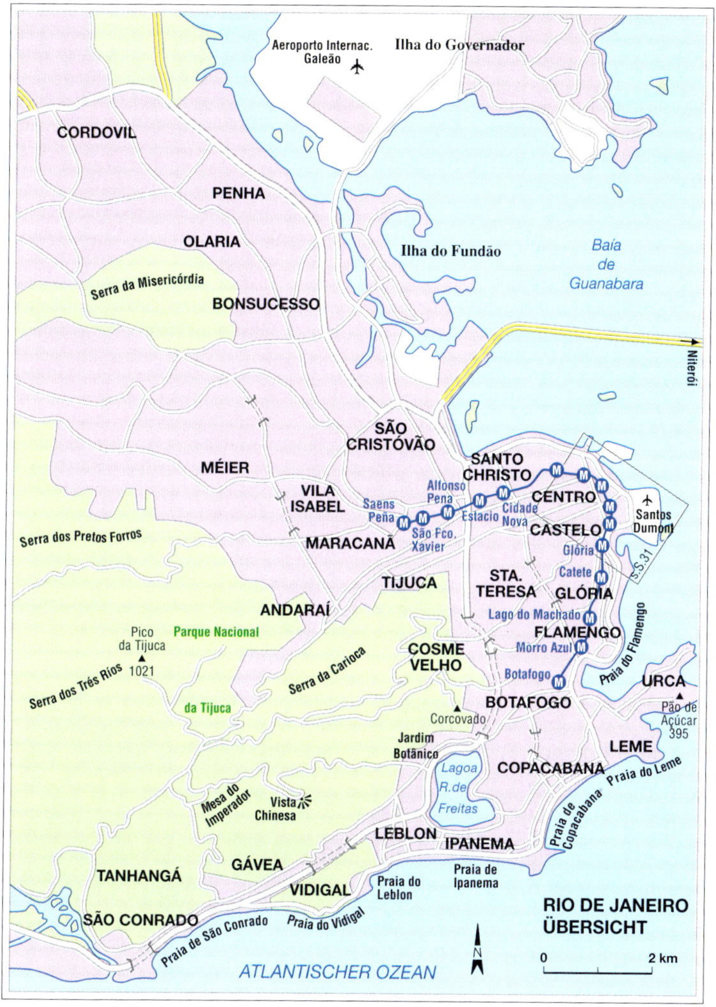

Urwald in der Stadt

Während sich das urbane Rio meernah in weiten Niederungen ausbreitet, wuchert der Küstenurwald einer wilden Mähne gleich von den Höhen der Berge herab in die Wolkenkratzer, Wohnpaläste und Hütten der *favelas* hinein. Wie ein ausgestanztes Weihnachtsplätzchen liegt ein besonders gepflegtes Stück am Rand der grünen Masse: der ****Jardim Botânico** (🕓 8–17 Uhr) an der *Lagoa Rodrigues da Freitas*. Der portugiesische König Dom João VI richtete den Botanischen Garten ein, um tropische Pflanzen für eine Nutzung im Mutterland zu akklimatisieren.

Heute wächst auf etwa der Hälfte des Geländes dichter Wald, der an den mit etwa 100 ha größten städtischen Park Brasiliens, den ****Parque Nacional Floresta da Tijuca,** grenzt. Hinauf in die Welt der Wasserfälle, Fußpfade und Höhlen schlängelt sich die Straße an der *Vista Chinesa* vorbei, einem Aussichtspunkt auf halber Höhe. Oben in einer weiten Mulde gruppiert sich der kleine Ort **Alto de Boa Vista.** Gleich hinter dem Eingang des eingezäunten Teils (🕓 tgl. 7–20 Uhr) rauscht das Wasser der *Cascatinha Taunay* 30 m von den Felsen hinunter. Etwas weiter an der *Estrada do Imperador* steht die 1860 erbaute Mayrink-Kapelle. Verzweigte Wanderwege eröffnen Touren bis auf den Pico de Papagaio (975 m) und den Pico da Tijuca (1021 m).

Praktische Hinweise

ℹ Flughafen **Galeão,** Sektoren B u. C. Zentrale: **CIAT,** Av. Princesa Isabel 183, ☎ 542-8080, 🕓 tgl. 9–18 Uhr. **RIOTUR,** ☎ 242-8000, bietet Informationen zur Stadt und **TURISRIO,** ☎ 252-4512, zum Staat Rio de Janeiro, beide im Zentrum, Rua da Assembléia 10, 8. Stock.

✈ **Aeroporto Internac. Galeão,** Ilha do Governador, ☎ 398-5050/6060. **Aeroporto Santos Dumont** (national), Stadtteil Castelo, ☎ 210-2457.

🚌 Klimatisierter *frescão* zwischen Stränden und Flughäfen. Busse zu allen Hauptstädten und touristischen Zielen Brasiliens sowie nach Paraguay, Argentinien und Chile.
Rodoviária Novo Rio, Av. Francisco Bicalho 1, São Cristóvão, ☎ 291-5151.
🚆 **Ferroviario Dom Pedro II,** Pça. Cristiano Ottoni, ☎ 296-1244. Luxuszug „Trem de Prata" (Silberzug) nach São Paulo (9 Std.).
⛴ Mit „Conerj", Pça. 15 de Novembro 21, im Zentrum, ☎ 224-0001, zur autofreien Insel Paquetá Mo–Sa ab 5.30 Uhr, So, Fei 7.10–22.30 Uhr.
Ⓜ Mo–Sa 6–23 Uhr, ☎ 255-9292: Linie 1 Botafogo–Saens Peña (Tijuca), Linie 2 Estácio–Engenho da Rainha.

🚡 **Zuckerhut-Seilbahn,** Av. Pasteur 520. Alle 30 Min. (8–22 Uhr) zum Morro da Urca; dort umsteigen und hinauf auf 394 m. Talstation in Praia Vermelha, Pça. Gen. Tibúrcio, ☎ 541-3737.
Corcovado-Zahnradbahn, Rua Cosme Velho 513 (s. S. 32).

Ⓗ Hotels

Copacabana Palace, Av. Atlântica 1702, ☎ (021) 255-7070, FAX 235-7330. Palast-Flair vergangener Zeiten lebt hier frisch renoviert weiter. $$$
Everest Rio, R. Prudente de Morais 1117, ☎ 2878282, FAX 521-3198. Kühle Dachterrasse im 23. Stock mit Bar und Rundsicht auf Ipanema u. Berge. $$$
Rio Palace, Av. Atlântica 4240, ☎ 521-3232, FAX 227-1454. Am Ende der Copacabana gegenüber dem Fort, großzügige Pool-Terrasse, beim Shopping-Center „Cassino Atlântico". $$$
Hotel Praia Ipanema, Av. Tom Jobim 706, ☎ 239-9932, FAX 239-6889. $$
Luxor Copacabana, Av. Atlântica 2554, ☎ 235-2245, FAX 587-1940. $$
Mar Ipanema, R. Visconde de Pirajá 539, ☎ 274-9922, FAX 275-5545. Ein Häuserblock zum Strand von Ipanema, günstig für Einkaufen u. Badespaß. $
Rio Copa Hotel, Av. Princesa Isabel 370, ☎ 275-6644, FAX 275-5545. 200 m von der Copacabana. $

Restaurants

Adega do Valentim, Rua da Passagem 176, Botafogo, ☎ 541-1166. Portugiesische Küche. ($)
Arlecchino, R. Prud. de Morais 1387, ☎ 259-7745. Unscheinbar klein am Eingang, groß in der norditalienischen Küche Luciano Pollarinis. ($)
Le Saint Honoré, Av. Atlântica 1020, ☎ 546-0880. Exzellente Küche des Franzosen Michel Augier im 37. Stock des Hotels Le Méridien. Blick über die Strände Leme und Copacabana. ($)
Casa da Feijoada, R. Prudente de Morais 10-B, Ipanema, ☎ 247-2776. Essen, wie es Brasilianer mögen. ($)
Porcão de Ipanema, R. Barrão da Tôrre 218, ☎ 521-0990. Fleisch vom Spieß soviel man essen kann. ($)
Banana Cafe, R. Barão da Torre 368, Ipanema, ☎ 521-1460. Die Ober der In-Kneipe servieren Lebensstil. ($)
Barril 1800, Av. Tom Jobim 110, ☎ 227-2447. Die Sonnenuntergänge, begleitet von Käsepastetchen und eiskaltem Bier, sind eine Wucht. ($)
Siri Mole & Cia., R. Fco. Otaviano 50, ☎ 267-0894. An der Copacabana mit Spezialitäten aus Bahia. ($)

Shows: **Canecão,** Av. Lauro, neben Shopping-Center „Rio Sul" (Stars populärer brasilianischer Musik); **Plataforma 1,** R. A. Ferreira 32, Leblon, ⌚ ab 21 Uhr (Karneval und Samba); **Scala,** Av. Africâno de Melo Franco 296, Leblon.

Einkaufen: **Barra Shopping,** Av. das Américas 4666, Barra da Tijuca, ⌚ Mo 14–22, Di–Sa 10–22 Uhr, drittgrößtes Einkaufszentrum der Welt; **Feirarte** (Künstlermarkt), Pça. Gen. Ósorio, Ipanema (⌚ So 9–19 Uhr), und Pça. 15 de Nov., Centro (⌚ Do, Fr 9–19 Uhr); **Hans Stern,** R. Garcia D'Avila 113, Ipanema, ☎ 259-7442 (Edelsteinimperium des deutschen Juweliers. Besichtigung der Fertigung mögl.).

Christus wacht über dem Corcovado

Romantischer Largo do Boticário

Laufsteg der schönen Körper: die Copacabana

Ausflüge

Costa do Sol

Der 13,5 km lange *Ponte Presidente da Costa e Silva,* 1975 als drittlängste Brücke der Welt eingeweiht, überspannt die Guanabara-Bucht zwischen Rio und **Niterói** (450 000 Einw.) am Beginn der Costa do Sol. Leider darf man auf der Brücke nicht anhalten, um das grandiose Rio-Panorama zu genießen.

Nördlichster und zugleich attraktivster Punkt der flachen Sonnenküste mit ihren Dünen ist **Armação dos Búzios** (9000 Einw.), 191 km von Rio. In den 60er Jahren räkelte sich Brigitte Bardot an den stadtnahen Stränden *Ossos, Geribá* und *Ferradura* und legte den Zünder für eine explosive Mischung aus Party und Paradies. Die Saison verwandelt das Städtchen allabendlich in eine Tanzfläche, tagsüber flitzen Windsurfer durch die Buchten vor *Praia Rasa, Praia de Manguinhos* und *Praia da Armaçã,* und Taucher entdecken entlang der Riffe bizarre Korallenlandschaften. FKK-Anhänger sonnen sich am nur zu Fuß erreichbaren *Olho de Boi.*

🏨 **Vila Boa Vida,** Rua Q, Lt. 12, ☎ (0246) 23-6767, 📠 23-6727. Das Ambiente für schönes Leben am Strand Ferradura. $))
Nas Rocas Island, Ilha Rasa, ☎ (0246) 29-1303, 📠 29-1289. All-inclusive-Resort 10 km plus 10 Bootsminuten von Búzios. $))

Cabo Frio (85 000 Einw.), 168 km von Rio, hat einen prominenten Namensgeber: A. Vespucci taufte den windumtosten Vorsprung in den Atlantik „Kaltes Kap". Heute reichen Kanäle bis zu den Piers teurer Villen. Der Mittelstand trifft sich in den Jachtklubs, und die Massen ohne Boote rücken am kilometerlangen weißen Hauptstrand *Praia do Forte* eng zusammen. An der Spitze der Landzunge hat sich das von Felsen und Inseln umgebene **Arraial do Cabo** (20 000 Einw.) den Charakter eines Fischerortes bewahrt, seine Strände bieten Erholung abseits des Trubels.

Zurück nach Rio fahren die Ausflugsbusse auf der RJ 106 durch die *Região dos Lagos,* die vom Meer durch schmale Sandstreifen abgetrennte Region der Seen. In **Maricá** (50 000 Einw.), 60 km vor Rio, lohnt sich ein Badestopp an den schattenlosen, leeren Stränden *Ponta Negra* und *Barra de Maricá.*

In die Orgelberge

Um dem schwülheißen Klima der Guanabara-Bucht zu entfliehen, verlegte Kaiser Dom Pedro II seine Sommerresidenz in die kühlen Hügel der *Serra dos Órgãos* („Orgelberge") nach ***Petrópolis** (255 000 Einw.; 840 m), 66 km nördlich von Rio. Reiche Familien taten es ihm gleich, ein mondäner Erholungsort mit klassizistischen Residenzen entstand. Nach seinem Tod im französischen Exil wurde der Leichnam des Kaisers in die Kathedrale überführt. Die perlen- und diamantenbesetzte Goldkrone kann im ehemaligen Sommersitz der kaiserlichen Familie, heute *Museu Imperial,* bewundert werden (Rua da Imperatriz 220; 🕒 Di–So 12–17 Uhr).

Die von seinem Besitzer selbst entworfene *Casa de Santos Dumont* (R. do Encanto 22; 🕒 Di–So 9.30–17 Uhr) macht mit dem Leben des Luftpioniers (s. S. 43) bekannt, der 1932 Selbstmord beging. Zehn Jahre später, am 22. Februar 1942, nahm sich der Schriftsteller *Stefan Zweig* im Exil in Petrópolis das Leben. Sein Buch „Brasilien" schließt mit den Worten: „Wer Brasilien wirklich zu erleben weiß, der hat Schönheit genug für ein halbes Leben gesehen."

Der nächste Zufluchtsort für hitzegeplagte Städter trägt den Namen der Kaiserin Teresa Cristina. Der Kurort **Teresópolis** (120 000 Einw.), 91 km von Rio, eignet sich als Ausgangspunkt für Wanderungen durch die Wälder des **Parque Nacional da Serra dos Órgãos.** An den Steilwänden des *Dedo de Deus* („Zeigefinger Gottes", 1692 m) versuchen sich aber auch Alpinisten. Einige Quellen sind zu Naturschwimmbecken gefaßt, und daneben gibt es Grillplätze.

Seine europäische Exotik macht **Nova Friburgo** (170 000 Einw.), 150 km nordöstlich von Rio, für Brasilianer attraktiv. 1819 errichteten 30 Familien aus dem Schweizer Fribourg unterhalb des Pico de Caledonia (2310 m) die erste nichtportugiesische Kolonie, und der Chaletstil lebt bis heute fort.

Mit „o bonde", der alten Straßenbahn, hinauf nach Santa Teresa

Costa Verde

Vorgelagerte Inseln in der Baia de Sepetipa mit ihrer 35 km langen Sandbank machen **Itacuruçá** (3500 Einw.), 82 km westlich von Rio, zum beliebten Wochenendziel der *Cariocas*. Richtig schön wird die „Grüne Küste" erst bei **Mangaratiba** (18 000 Einw.), 105 km. Boote fahren hier in 1,5 Std. zu den versteckten Buchten des Nationalparks der üppigen *Ilha Grande* (300 km²).

Fio dental, „Zahnseide", heißen hier die erotisch knappen Bikinis

Am Weg zu den Stränden um **Angra dos Reis** (86 000 Einw.), 151 km auf der BR 101, liegen große **Ferienhotels:** das „Portobello" mit eigenem Wildpark, das feine „Portogalo" und das „Fazenda-Hotel do Frade & Golf". Alle ($$).

Am Fuß der *Serra da Bocaina*, vorüber an kleinen Buchten der Baia de Ilha Grande, schlängelt sich die Küstenstraße nach **** Parati** (24 000 Einw., 241 km), einem kolonialen Kleinod. In seinen Pflastergassen endete früher der *Caminho do ouro*, ein von den *Bandeirantes*, den Eroberern der Kolonialzeit, beschrittener, mühsamer Weg vom Landesinneren über das Küstengebirge zum Meer. Der einst treibende Rhythmus des Verladehafens für Zucker und Gold ist in ein getragenes Adagio übergegangen. Schlendert man durch die autofreien Gassen, laden hin und wieder stimmungsvolle Eckkneipen oder kleine Geschäfte zum beschaulichen Verweilen in der hellen Stadt ein.

Ob Costa do Sol oder Costa Verde: Badestrände gibt's im Überfluß

Ⓗ Ⓡ **Pousada do Sandi,** Largo do Rosário, ☎ (0243) 71-2100, Fax 71-1236. Charmantes histor. Gebäude. ($$)

São Paulo

Basis für Busineß

Wie von Riesenhand hingeworfene Häuserwürfel, Stahlbetonriesen und Industriequader füllen die flachwellige Hochebene der Metropolitanregion. Einzig das regelmäßige Straßenraster, ein endloser, mit Autos überfüllter Setzkasten, ordnet den elektrisierten Stadtteppich. Mit seiner Konzentration von Industriebetrieben und Firmensitzen ausländischer Investoren ist São Paulo das wirtschaftliche Zentrum des südamerikanischen Staates. Jedes vierte brasilianische Unternehmen hat hier seinen Sitz. Der Großraum erbringt zwei Drittel der industriellen Leistung des Landes. Auf den Straßen rollt fast jedes vierte Auto.

Ohnegleichen – selbst für südamerikanische Verhältnisse – ist das Wachstum der Stadt. Unbekümmert frißt sich Viertel um Viertel in die ehemals grüne Landschaft des atlantischen Waldes. Der Moloch breitet sich gierig aus. Mit dem Kaffeeboom und einer Industrialisierungswelle, die ungeheure Menschenmassen anlockte, begann die Bevölkerungsexplosion: Von 250 000 Anfang des 20. Jhs. wuchs die Einwohnerzahl auf 9,6 Mio. (20 Mio. im Großraum). Stellenweise leben bis zu 12 000 Menschen auf einem Quadratkilometer.

Die multikulturellen Impulse aus aller Welt, das „arbeitsfreundliche" Klima der Höhe und die Tatsache, daß die Paulistanos keine Minute an verlokkenden Stadtstränden vergeuden können, machten die Stadt zum Wirtschaftszentrum. Als Haupteingangspforte für europäische Immigranten schwang sie sich zur Metropole der Kultur und Gastronomie auf. Italiener kamen und führten ihre Küche ein: Im *Bixiga*-Viertel gibt es ganze Straßenzüge mit italienisch geprägten *cantinas*, Musikcafés und Filmklubs; Portugiesen mischen stark in der Kneipenszene mit, und die Japaner bilden mit 200 000 Menschen im Stadtteil *Liberdade* die größte Enklave außerhalb Nippons. Die Deutschen eroberten sich Handel und Industrie. Syrer, Libanesen und Türken bestimmen den Textilhandel, Juden gingen ins Bankgeschäft.

Historisches Zentrum

Die ** **Praça da Sé** (Ⓜ) mit der neugotischen *Kathedrale*, die die alte Hauptkirche aus dem 18. Jh. ersetzte, ist die Wiege São Paulos. Am nördlichen *Patio do Colégio* lasen die Jesuiten 1554 die erste Messe. Der historische Nachbau ihres Wohn- und Studienhauses, die **Casa de Anchieta** (🕓 Di–So 13 bis 16.30 Uhr), beherbergt ein kleines Museum mit einem Modell der historischen Stadt. Tief unter den Pflastersteinen des belebten Platzes, den man nachts meiden sollte, verknoten sich die beiden Metrolinien. Zu den Stoßzeiten ist es ein atemraubendes Abenteuer, sich in die Menschenmassen der randvollen Züge zu quetschen.

Die Fußgängerzone verläuft durch die Hochhausschluchten des alten Bankenviertels mit eleganten Geschäften, Senat, Börse und Kinos. Die *Rua São Bento* führt vorbei am ersten Hochhaus Südamerikas, dem 1929 fertiggestellten **Edifício Martinelli** (Av. São João 35), zur **Basílica de São Bento**, ein Blickfang in der Stadt, doch architektonisch ohne Bedeutung (Ⓜ; So 10 Uhr gregorianischer Choral).

Centro Novo

Der *Viaduto do Chá*, die „Teebrücke", wölbt sich über das ehemalige Anhangabaú-Tal zur Pça. Ramos de Azevedo (nordwestl. der Kathedrale, Ⓜ Anhangabaú) mit dem innen pompös vergoldeten Stadttheater **Teatro Municipal** (ℹ ☎ 223-3022). Von der *Praça da República* weiter nordwestlich (Ⓜ; So morgens Flohmarkt) ist es nur noch ein

Sprung zu einer Mahlzeit in luftiger Höhe. Im 42. Stock des **Edifício Itália** serviert das Restaurant **Terraço Itália** (s. S. 43) neben Pasta und Polenta den längst fälligen Überblick über die städtische Megapizza aus autoüberfülltem Asphalt und himmelstrebendem Stahlbeton. Ähnlich gute Aussichten bietet der Rundbau des **Hilton-Hotels** in der Av. Ipiranga. Gleich daneben steht das wie eine Welle geschwungene **Edifício COPAN,** ein Markstein der Moderne von Oscar Niemeyer, dem „Baumeister Brasiliens" (s. S. 19).

Edifício COPAN: Markstein unter São Paulos Stahlbetonriesen

Als Brasilien Anfang des 20. Jhs. noch den Weltkaffeepreis diktierte, entstand südwestlich des Zentrums die Schlagader des Wohlstandes: die **Avenida Paulista.** *Fazendeiros,* die sich selbst als „Kaffeebarone" adelten, bauten Villen und Palazzi an der ersten vollständig geplanten und asphaltierten Straße. Heute dominieren in der Skyline die Wolkenkratzer der Banken. Elegante Geschäfte und große Kinos wanderten in den letzten Jahrzehnten in die Umgebung der teuren Straße, z. B. in die **Avenida Brig. Faria Lima,** wo das Shopping-Center „Iguatemi" nach nordamerikanischem Muster all das verkauft, was sich junge, schöne und reiche Brasilianer wünschen. Kulturelles Niveau verleiht dem Viertel das ****Museu de Arte de São Paulo** (MASP, Av. Paulista 1578; 🕓 Di–Fr 13–17, Sa, So 14–18 Uhr), Lateinamerikas größtes Kunstmuseum mit Werken alter wie zeitgenössischer Meister aus aller Welt.

Konzert von Maria Bethânia: Die Finanzkraft von São Paulo kommt auch der Kultur zugute

Ein Musterbeispiel für städtebauliche Entwicklung gibt die von Überschwemmungen gefährdete **Avenida Berrini.** Seit sie saniert ist, haben sich Großkonzerne zwischen kleine Läden und Wohnhäuser gemischt. Im Zusammenspiel von Unordnung und Planung, privaten und öffentlichen Bereichen sowie Neubauten und abgewohnter Substanz zeigt dort die Megastadt

São Paulo ist Brennpunkt der industriellen Fertigung Brasiliens

das chamäleonhafte Bild stark wachsender brasilianischer Metropolen.

Von lauten Avenidas eingekreist, geben die 160 ha Grünfläche des **Parque do Ibirapuera** der Stadt willkommene Frische. Das von Roberto Burle Marx für die 500-Jahr-Feier 1954 konzipierte Naherholungsgebiet, dessen Gebäude Oscar Niemeyer entwarf, beherbergt das Planetarium und mehrere Museen, darunter das ***Museum für moderne Kunst (MAM)** im Pavillon der Biennale (🕓 Di–Fr 13–19, Sa, So 11–19 Uhr) und das **Luftfahrtmuseum** (☎ 570-3915) mit einem Fluggerät des Pioniers Santos Dumont (s. S. 43).

Noch einmal Bäume und Freiflächen finden sich im südlichen Stadtteil Aguá Funda (Ⓜ Jabaquara) im **Botanischen und Zoologischen Garten** (Av. Miguel Stéfano; 🕓 9–17 Uhr). Bei einer Tour durch „Simba Safarí" (☎ 946-6249) fährt man durch ein riesiges Freigehege mit Tigern und Affen.

Sehenswerte Museen im Randbereich des Zentrums: Centro Histórico do Imigrante (Rua Visc. de Parnaíba 1316, Brás, ☎ 292-1022; 🕓 nach Vereinbarung), zur Geschichte der Einwanderer.
***Instituto Butantã** (Av. Vital Brasil 1500, nahe Cidade Universitária, ☎ 813-7222; 🕓 Di–So 9–17 Uhr); Museum und Farm mit 80 000 Schlangen, die zur Gewinnung von Seren „gemolken" werden.
Museu Paulista (Pq. da Independência, Ipiranga, ☎ 215-4588; 🕓 Di–So 9–17 Uhr; geschichtliche und ethnologische Sammlung.
***Museu Lasar Segall** (Rua A. Celso, Ⓜ Vila Mariana, ☎ 572-8211; 🕓 Di bis So 14–18 Uhr: Wechselausstellungen im ehemaligen Wohnhaus des expressionistischen Malers).

Praktische Hinweise

ⓘ Rua 15 de Novembro 347, ☎ 607-5642. **Delegacia Especializada de Atendimento ao Turista,** Av. São Luís 115, ☎ 254-3561, 214-0209.

Stände: Av. Paulista vor dem Parque Trianon, Av. Faria Lima vor Shopping-Center „Iguatemi", Pça. República, Av. S. Luís vor Pça. D. José Gaspar.

✈ Internat. Flughafen **Guarulhos,** ☎ 945-2111/2107. Regionalflughafen **Congonhas,** ☎ 240-1130.
Ponte Aérea (Luftbrücke) nach Rio de Janeiro: Flüge Mo–Fr jede halbe Stunde, Sa/So stündlich.

🚌 **Terminal Tietê,** Av. Cruzeiro do Sul, ☎ 235-0322; Busse in alle Hauptstädte.
🚆 Pça. Júlio Prestes (Fepasa), ☎ 702-1400/1100; Verbindungen ins Landesinnere nach Campo Grande und Corumbá (Pantanal, s. S. 85).

Ⓜ Linien Norte – Sul (Santana – Jabaquara) und Leste – Oeste (Itaquera – Barra Funda) 5–24 Uhr, die Linie Paulista (Paraíso – Clínicas) 5–20.30 Uhr.

Ⓗ Hotels

Bourbon, Av. Viera de Carvalho 99, ☎ (011) 223-2244, FAX 221-4076. Apartments für Nichtraucher. $$
Brasilton São Paulo, R. Martins Fontes 330, ☎ 258-5811, FAX 258-5812. Günstig im Zentrum gelegen. $$
Crowne Plaza, R. Frei Caneca 1360, ☎ 253-2244, FAX 251-3121. Gehört zur Kette der Holiday-Inn-Hotels. $$
Della Volpe Garden, R. Frei Caneca 1199, ☎ 285-5388, FAX 288-8710. Beheizter Pool. $$
Jaraguá, R. Maj. Quedinho 44, Centro, ☎ 256-6633, FAX 256-1377. $$
São Paulo Hilton, A. Ipiranga 165, Centro, ☎ 256-0033, FAX 257-3137. Einziges kreisrundes Hochhaus weit und breit. $$$
Sheraton Mofarrej, Al. Santos 1437, ☎ 253-5544, FAX 289-8670. Nach opulentem Frühstücksbuffet Spaziergang im Trianon-Park. $$$
Augusta Park Residence, R. Augusta 922, Consolação, ☎ 255-5722, FAX 256-2381. Nächste Nähe zum Stadtzentrum. $
Augusta Plaza, R. Augusta 1255, Cerqueira César, ☎ 284-0866. $

Restaurants

La Cuisine du Soleil, Al. Campinas 150, Bela Vista, ☎ 253-4411. Schickes französisches Restaurant im Maksoud Plaza Hotel. So geschl. $

Massimo, Al. Santos 1826, Cerqueira César, ☎ 284-0311. Prominente und solche, die es werden wollen, tafeln hier. $

Terraço Itália, Av. Ipiranga 344, Ed. Itália, ☎ 257-6566. Mit Bar und Live-Musik im 41. und 42. Stockwerk. $

Anexo, Av. Cidade Jardim 312, Jardim Europa, ☎ 813-2122. Vollverglaste Räume. $

Bovinu's, Av. Rebouças 1604, Pinheiros, ☎ 853-4873. *Churrasco* à la carte. $

La Casserole, Lg. do Arouche 346, ☎ 220-6283. Zentral, französische Küche, Mo geschl. $

Dinho's Place, Al. Santos 45, Paraíso, ☎ 284-5333. Beste *picanha* (Rinderfilet) São Paulos. $

Dona Lucinha, Av. Chibarás 399, Moema, ☎ 549-2050. Leibspeisen aus Minas Gerais wie in Mutters Küche. Zuckerrohrschnaps, Liköre und Bergkäse direkt von der *fazenda*. $

Govinda, Rua Princesa Isabel 379, Brooklin, ☎ 531-0269. *Frango Tandoori ist* nur einer der Leckerbissen nach indischem Rezept. $

The Old Spaghetti Factory, R. Bela Cintra 269, Consolação, ☎ 255-3801. Teigwaren, dort, wo sie früher hergestellt wurden. $

Suntory, Al. Campinas 600, Cerqueira César, ☎ 283-2455. Schuhe ausziehen, sonst bringen die japanischen Geishas kein Essen! $

Bassi, R. 13 de Maio 334, Bela Vista, ☎ 604-2375. *Churrascaria* mit zartestem Fleisch. $

Cristal, R. Prof. Arthur Ramos 551, Consolação, ☎ 211-0828. Entgegen sonstiger Manier werden individuelle Pizzas mit feinem Boden für eine Person serviert. $

Dinho's Palace, Av. Morumbi 7976, Brooklin Paulista, ☎ 536-4299. Der Fleischgrill steht auf dem Tisch. $

Der fliegende Brasilianer

Mit 18 Jahren findet **Alberto Santos Dumont** (1873–1932) das Leben auf der elterlichen Kaffeeplantage in Ribeirão Preto im Bundesstaat São Paulo zu langweilig und geht nach Paris, wo er sich stur daranmacht, seinen Traum vom Fliegen zu verwirklichen. Den Umgang mit Motorenkraft kennt Alberto bereits seit seinen Fahrten als Jugendlicher mit der Plantagen-Lokomotive. Und in der Seine-Metropole nennt er einen sportlichen Roadster Peugot sein eigen. Er findet zwei Lehrmeister in den alten Ballonfahrern Lachambre und Machuron und konstruiert mit seinem Vermögen aus dem Kaffeeanbau den ersten motorgetriebenen und daher steuerbaren Ballon – unbeirrt durch zahllose Bruchlandungen und umschwärmt von der Damenwelt, die den kleinwüchsigen, stets in eigenen Modekreationen herausgeputzten Brasilianer verzückt Petitsantôs nennt.

Mit dem Deutsch-Preis, der vom Pariser Aeroclub verliehen und mit 100 000 Francs dotiert wird, erlangt Santos Dumont internationale Anerkennung. Sogar Edison beglückwünscht den „Pionier der Lüfte" für sein Luftschiff Nr. 5, mit dem er am 19. Oktober 1901 nach dem ersten 30minütigen Flug bis zum Eiffelturm im Parque d'Aérostation in Saint-Cloud landet – Jahre vor dem ersten motorisierten Alleinflug der Gebrüder Wright.

Die Militärs erhoben Alberto in den Rang einer nationalen Ikone: Jede Großstadt hat ihre Avenida Santos Dumont, in Fortaleza steht seine Statue am Flughafen, der Inlandflughafen in Rio trägt seinen Namen ebenso wie die Provinzstadt nahe der Fazenda, auf der er geboren wurde.

*** Salvador de Bahia

Stadt aller Heiligen

In der Hauptstadt Bahias – Seismozentrum afrobrasilianischer Lebensart – sind die Wurzeln der afrikanischen Vorfahren lebendig: in einer einzigartigen Küche und in Festen voll religiöser Inbrunst. Schwarze Götter mischen sich im größten katholischen Land friedlich unter christliche Heilige, und mit 76 Kirchen setzt sich Salvador an die Spitze aller brasilianischen Städte. Das frischrenovierte Viertel Pelourinho erwacht jede Nacht zur Bühne von Musik und Tanz. Endlose schneeweiße Sandstrände säumen die Küste in Nord und Süd.

Salvador – bis heute die „schwärzeste" Stadt Brasiliens – wurde den sudanesischen Nagô und ihrer Kultur zur neuen Heimat: Zwei Drittel der 2,1 Mio. Einwohner sind Nachkommen früherer Sklaven, die mystische Rituale und Götter aus Afrika mitbrachten. Weder Sklaverei und Zwangstaufe noch Verstädterung haben die Kulte verschwinden lassen. Im Lauf der Jahrhunderte haben sie mit dem katholischen Glauben und indianischen Ritualen eine eigenständige Kraft geformt.

Entdeckung am Feiertag

Während seiner „indischen Fahrt" segelte Pedro Álvares Cabral im Jahr 1500 mit seiner Flotte auf dem Weg von Porto Seguro nach Norden an einer riesigen Bucht mit rund 100 Inseln vorbei. Drei Jahre später trug Amerigo Vespucci, unterwegs im Dienste des portugiesischen Königs, die Bucht in die Seekarten ein und gab ihr den Namen des Tages: „Allerheiligenbucht".

Tomé de Souza, von Portugals König João III zum Generalgouverneur der Kolonie Brasilien ernannt, gründete 1549 am Eingang der Bucht die erste Hauptstadt, *São Salvador da Bahia de Todos os Santos*. Mit dicken Mauern wurde der Sitz der Kolonialverwaltung nicht nur vor Angriffen französischer und holländischer Invasoren, sondern auch der Indianerstämme gesichert. Steile Wege und Treppen führten von der *Cidade Alta* hinunter zum Hafen der *Cidade Baixa*, die sich mit Lagerhallen und Handelskontoren auf dem schmalen Strandstreifen ausbreitete.

Bis Salvador 1763 von Rio als Hauptstadt abgelöst wurde, brachten Schiffe fast 5 Mio. Afrikaner an die Küste und legten mit Tabak und Zucker beladen wieder ab. Von Familien und Stammesverbänden getrennt, mußten die Sklaven in den aufstrebenden Zuckerrohrplantagen des Hinterlandes schuften, da sich die einheimischen Indianer für diese schwere Arbeit als nicht widerstandsfähig genug erwiesen hatten.

Der Aufschwung der Stadt schlug sich in einer regen Bautätigkeit nieder: Die Missionsorden der Jesuiten, Franziskaner, Karmeliter und Benediktiner errichteten prunkvolle Kirchen und Klöster im Barockstil (s. S. 18). Rund um den *Largo do Pelourinho*, auf dem der Pranger für die Sklaven stand, bauten die Kolonialherren selbst prächtige Wohnhäuser. Als sich Ende des 18. Jhs. Pest und Gelbfieber in den schmalen Gassen ausbreiteten, zogen die reichen Familien in südlichere Viertel. Der Pelourinho wurde Wohnquartier der Handwerker, Händler und Arbeiter, Adresse von Bordellen und Kneipen.

Durch die Oberstadt

Das historische Zentrum von Salvador läßt sich trotz 70 m Höhenunterschieds zwischen Unter- und Oberstadt an einem halben Tag zu Fuß entdecken. Als nützlichen Helfer für die Erkundung der unzähligen Kirchen und Ordensklöster verkauft das Fremdenverkehrsamt

Bahiatursa (s. S. 54) einen detaillierten kolorierten Stadtplan *(mapa turístico)*.

An der **Praça Castro Alves ❶**, dem südlichen Eckpunkt des historischen Zentrums, starten zum Karnevalsumzug die *trios eléctricos*, Lastwagen mit riesigen Lautsprecherwänden, hinter denen die bunte Menge tobt. Unbeeindruckt, den Arm pathetisch erhoben, schaut währenddessen der Dichter und Kritiker der Sklaverei *Castro Alves* (1847–1871) über den Platz, der „dem Volk gehört wie der Himmel dem Kondor". Eine Bronzetafel am ersten Gebäude der Rua Chile zeigt, daß hier 1549 die südliche Stadtmauer verlief. Von der Brüstung des Platzes überblickt man Bucht und Unterstadt, das kreisrunde *Fort São Marcelo* im Meer und die Insel Itaparica (s. S. 54).

Die Rua Chile hinauf, folgt der nächste Aussichtspunkt an der **Praça Tomé de Souza,** auch Praça Municipal ❷, die der Aufzug **Lacerda** (s. S. 50) mit der Unterstadt verbindet. Das Panorama genoß

Die Oberstadt als Kulisse für die Plastik von Mario Cravo Júnior

Capoeiristas beim Training

Capoeira – Tanz der Kämpfe

Schwere, mit Ziegenfell bespannte Holztrommeln, die *atabaques*, geben den Ton an. Hinein mischt sich das metallische Surren des einsaitigen Musikbogens *berimbau* und das scheppernde Schellentamburin *pandeiro*. Die Männer in weißen Hosen stehen im Kreis, lassen die schwarzen muskulösen Oberkörper zucken. Im Wechselgesang mit dem Vorsänger preisen sie afrikanische Götter und katholischen Heilige.

Zwei *capoeiristas* treten in den Kreis. Haarscharf wirbeln die Beine über den Kopf des Gegners. Wie ausschlagende Pferde verteilen sie gegenseitig Fußstöße. Katzenartig weicht der Gegner aus. Tritte stoppen Zentimeter vor den Muskelpaketen des Gegenübers. Der Takt wird immer schneller. Wie Affen schleudern beide im Rückwärtssalto über die Bühne.

Tanz, Kampf, Religion, Körperschule und Beweglichkeit – die *capoeira* formt daraus eine eigene Disziplin. Jeder Rhythmus hat Bedeutung. Der Kampftanz, entstanden aus der gewaltlosen Selbstverteidigung der Sklaven, folgt einer strengen Choreographie. Entlaufene Schwarze entwickelten die Körperschule in den *quilombos* weiter, ihren Fluchtburgen in unzugänglichen Gegenden. Nach Abschaffung der Sklaverei war die *capoeira* zunächst verboten, doch unbeirrt eröffnete Manoel dos Reis 1927 die erste Capoeira-Schule, die *Academía de Mestre Bimba*, und begründete die mit Elementen aus asiatischen Kampfsportarten angereicherte *capoeira regional*.

Academía de Mestre Bimba, Rua Francisco Muniz Barreto 1; 🕓 tgl. ab 9 Uhr, 12–16 Uhr geschlossen.

einst auch der erste Gouverneurs der Kolonie Brasilien von der Casa do Governo aus. Heute leuchtet an dieser Stelle der *Palácio Rio Branco* (1919) mit Stuckadlern, griechischen Säulen und verglastem Rundkuppelturm. Hier lohnt sich ein Schritt durch die Türen des Informationsbüros der Tourismusbehörde **Bahiatursa** (🕓 8–18 Uhr), die in einem Ambiente aus italienischer Renaissance und französischem Barock residiert.

Gegenüber steht auf Metallstelzen der flache Betonbau *Palácio Tomé de Souza,* in dem die Räume der Stadtverwaltung liegen. Einige Schritte weiter öffnet sich das Portal zum stillen Innenhof der **Santa Casa da Misericórdia ❸** (☎ 243-4722). Benediktinermönche errichteten das ehemalige Armenhaus im Stil des Frühbarock, seine Kapelle erhielt eine spätbarocke Ausstattung (Holzschnitzereien und *azulejos*). Die Hausecke grenzt an die belebte Praça da Sé, Endstation der Stadtbusse.

An der Nordseite des Platzes dominiert die Seitenfassade der monumentalen **Catedral Basílica ❹** (🕓 Di–So 8–11, 15–18 Uhr), im 17. Jh. Teil des größten Jesuitenseminars, das der Orden außerhalb von Rom errichtete. Der Grundriß orientiert sich an der römischen Mutterkirche Il Gesú, die den von dem portugiesischen Architekten Francisco Dias weiterentwickelten jesuitischen Baustil maßgeblich beeinflußte. Im Giebel der schlichten Fassade ragen die Statuen der drei Ordensheiligen Ignatius von Loyola, Francisco Xavier und Francisco Borja auf; auch die Innenausstattung mit prächtiger Kassettendecke und *azulejos* ist sehenswert.

Außer der Kathedrale stehen am begrünten *Terreiro de Jesús* mit seinen Straßenhändlern und Souvenirständen die Kirche ***São Pedro dos Clérigos ❺** aus dem 18. Jh. und die 1731 erbaute ***Igreja da Ordem Terceira de São Domingos ❻**, deren rechter Turm fehlt.

Neben der Dominikanerkirche öffnet sich der Platz zur ***Praça Anchieta**, deren frischrenovierte Gebäude in kräftigem Blau, Gelb und Rosa strahlen. Hübsche holzgeschnitzte Aushängeschilder weisen auf kleine Geschäfte hin. Dunkelhäutige *Baianas* in ihrer typischen weißen Kleidung bevölkern die Straßen.

Am Ende der kleinen Praça trifft man auf ein Prunkstück des brasilianischen Kolonialbarock, die Franziskanerklosterkirche ****Igreja de São Francisco ❼** (1703–1713; 🕓 tgl. 7–11.30, Mo–Sa auch 14–18 Uhr), eine Kopie der Kirche von Miragaia in der Nähe des portugiesischen Porto. So schlicht der Bau von außen wirkt, das bewegte Innenleben prunkt mit reichvergoldetem Schnitzwerk und *azulejos,* die das Leben des hl. Franziskus erzählen.

Die **Igreja da Ordem Terceira de São Francisco ❽** (🕓 Mo–Sa 8–12, 14 bis 17.30, So 8–11, 16–18 Uhr) wurde 1703 ebenfalls von Franziskanern fertiggestellt. Feinste barocke Steinmetzarbeiten zieren die Fassade aus portugiesischem Sandstein in einem Stil, der unter maurischem Einfluß von Goldschmieden der Iberischen Halbinsel geprägt wurde. Vorbei am Beinhaus verstorbener Ordensbrüder führt ein Gang in einen von Mangobäumen beschatteten Hinterhof, der nach Besichtigung so vieler Kirchen und Klöster zu einer kühlenden Ruhepause einlädt.

Nordwärts durch die enge **Rua Inácio Accioli** spaziert man vorbei an kleinen Kneipen und bunten Kunsthandwerksläden. An der nächsten Ecke links und gleich wieder rechts kommt man in die Rua Gregório de Matos zum *Solar do Ferrão,* einem von den Jesuiten erbauten Bürgerhaus aus dem 18. Jh. Dort ist das **Museu Abelardo Rodrigues ❾** (🕓 Mo–Fr 9–18, Sa, So 13–17 Uhr) untergebracht, wo Liebhaber barocker und volkstümlicher Sakralkunst auf ihre Kosten kommen.

Am ***Largo do Pelourinho,** an dem früher der Pranger für die Sklaven stand, erstrahlt heute in auffälligem Hellblau die **Igreja Nossa Senhora do**

Rosário dos Pretos ❿ (18. Jh.; Mo–Fr 8–17.30, Sa, So 8–14 Uhr). Wörtlich übersetzt bedeutet ihr Name: Kirche unserer Frau des Rosenkranzes der Schwarzen. Sie war das erste Gotteshaus, das die dunkelhäutigen Sklaven betreten durften. Neben weißen Heiligenstatuen am Hauptaltar stehen schwarze an den Seitenaltären.

An Läden mit naiver Malerei, Textilien und Handwerkskunst sowie heruntergekommenen Häusern vorbei führt die *Rua Luiz Viana* schweißtreibend steil zum Largo do Carmo und wenige Stufen zur **Igreja da Ordem Terceira do Carmo** ⓫ (Mo–Sa 8–12, 14–17.30, So 9–9.40 Uhr) hinauf. In der schlichten Kirche des Laienordens der Karmeliter befinden sich an grünen Wänden einfache Holzaltäre. Die Fenster der Sakristei eröffnen einen ungewöhnlichen Blickwinkel hinüber zum Pelourinho

❶ Praça Castro Alves
❷ Praça Tomé de Souza
❸ Santa Casa d. Misericórdia
❹ Catedral Basílica
❺ São Pedro dos Clérigos
❻ Igreja da Ordem Terceira de São Domingos
❼ Igreja e Convento de São Francisco
❽ Igreja da Ordem Terceira de São Francisco
❾ Museu Abelardo Rodrigues
❿ Igreja Nossa Senhora do Rosário dos Pretos
⓫ Igreja da Ordem Terceira do Carmo
⓬ Igreja do Carmo
⓭ Cantina da Lua
⓮ Fundação Casa de Jorge Amado/Museu da Cidade
⓯ Mercado Modelo
⓰ Plano Inclinado do Gonçalves (Standseilbahn)

und hinunter auf die Handelsstraße Baixa dos Sapateiros. Ein Glaskasten im Heiligenraum daneben bewahrt eine 1758 von Francisco Chagas geschnitzte Jesusfigur auf. Der indianischstämmige Bildhauer, ein ehemaliger Sklave, verwendete für die täuschend echten Wunden auf Brust und Gelenken Tausende von Rubinsplittern, den Körper färbte er mit Ahornsaft samtbraun ein.

Gleich nebenan befindet sich die **Igreja do Carmo** ⓬ (🕓 8–12, 14–18, So 10–12 Uhr). Nach einem Brand im Jahr 1788 wurde die Kirche des Karmeliterordens 1828 wieder aufgebaut. In der Eingangshalle des Klosters hielten die Sklaven früher ihre Messe ab. Der Boden der Sakristei ist aus portugiesischem Marmor, Wände und Seitenaltäre der einschiffigen Kirche schimmern im weichen Ton der überbordenden Vergoldung.

Abends im *** Pelourinho

Warme Luft steigt über die Lichter der Unterstadt hinweg den felsigen Hang hinauf und dringt in die engen Gassen der Oberstadt. Während der Abend dämmert, erwacht die Stadt. Im frisch renovierten ehemaligen Armeleuteviertel *Pelourinho,* einem zusammenhängende Komplex kolonialer Architektur zwischen Terreiro de Jesús und Largo do Pelourinho, der heute als UNESCO-Kulturgut geschützt ist, bewegen sich üppige dunkelhäutige Frauen voller Energie zu afrobrasilianischen Trommelklängen. Ganz in der Nähe standen ihre Vorfahren früher als Sklaven am Pranger.

Am späten Nachmittag noch schlendert man ohne Enge durch die Gassen, die so manche kulturelle Sehenswürdigkeit und hübsche Geschäfte verstecken (🕓 i. allg. bis 18 Uhr). Sobald die Sonne untergeht, füllen sich die Gassen mit Menschen. Musik donnert aus allen Ecken. Ein einzigartiges Tanzfest beginnt. Die Trommelschläge des *Bloco Afro Olodum* (s. S. 51) hämmern bei ihren Proben auf der Pflasterbühne den unschätzbaren kulturellen Wert des Viertels ins Bewußtsein der Stadtväter, Touristen und Mittelschicht-Brasilianer, die beim Wort Pelourinho früher eher die Nase rümpften. Dazu mußte die Musikgruppe erst zusammen mit dem Amerikaner Paul Simon den Welthit „Rhythm of the Saints" aufnehmen. Heute tanzen und musizieren meist Schwarze in den Kulturzentren und Karnevalsvereinen.

Ausgangspunkt und Treffpunkt für einen abendlichen Bummel ist die Kneipe **Cantina da Lua** ⓭ am *Terreiro de Jesús,* deren Tische und Stühle sich weit auf den Platz vorschieben. Im 1. Stock spielt Live-Musik, bis der Mond untergeht. So eng wie der Raum fallen dort die Tänze zwischen Tischen auf dem Holzboden aus.

In der kopfsteingepflasterten *Rua Alfredo Brito,* an der ehemaligen Medizinischen Fakultät vorbei, taucht linker Hand die Eingangspassage zum **Hotel Pelourinho** auf. Im Hof gelangt man zu einer Plattform mit Blick über die alten Gebäude und die Bucht.

Kurz bevor die R. Alfredo Brito in den Largo do Pelourinho mündet, öffnet sich rechts der Eingang zur **Fundação Casa de Jorge Amado** ⓮ (🕓 Mo–Sa 9–18 Uhr). Der Romancier aus Bahia, der Geschichten von schönen Mulattinnen, fleißigen Fischern, kleinen Betrügern und großen Trinkern aus dem Volk erzählt (s. S. 20), stiftete sein Archiv der Allgemeinheit. Im gleichen Gebäude befindet sich auch das **Museu da Cidade** (🕓 Mo–Fr 8–12, 14–19 Uhr) mit lebensgroßen Puppen afrikanischer Götter.

In der kleinen **Rua Gregório de Matos,** die vom Pelourinho wegführt, sitzt im Haus Nr. 53 die Karnevalsgruppe *Afoxê Filhos de Gandhi* (s. S. 51). Hinter einem Drehkreuz am Eingang gehen Treppen in einen Tanzsaal hinunter, in dem am Wochenende die Jugend die

Abends füllen sich die Gassen um den Largo do Pelourinho

SENAC
PELOURINHO
RESTAURANTE ESCOLA

neuesten Hüfttänze übt. Etwas weiter (Nr. 27) hat „Sebrae", eine Handelskammer für Klein- und Kleinstfirmen, das **Shopping do Pelô** eingerichtet (🕓 Di–Fr 9–18, Sa, So 10–16 Uhr). Hier kann man Flechtwaren, Musikinstrumente, Tonfiguren und bedruckte Stoffe erstehen.

Unbedingtes Muß einer Nacht im Pelourinho ist die **Praça Quincas Verro d'Agua.** Über unscheinbare Eingänge an der Rua Castro Rabelo oder die unrenovierte Rua Leovigildo de Carvalho schlüpfen am Wochenende Hunderte von Menschen in den gerämten Hinterhof, das Vergnügungsfeld der Mittelschicht. Der Sound von Nachwuchsbands schwirrt über den Platz. Tisch drängt sich an Tisch, und über allem schwebt das laute Gemurmel der Unterhaltungen.

Im Aufzug zur Unterstadt

Von der Praça Municipal (auch Praça Tomé de Souza) ❷ befördert der 1930 erbaute ***Elevador Lacerda** (🕓 5–24 Uhr) täglich rund 60 000 Passagiere senkrecht hinunter zur Praça Cairú in der *Cidade Baixa.*

Im kleinen Hafen legen nur noch Ausflugs- und Fischerboote an. Direkt an der Hafenstraße befindet sich der ****Mercado Modelo** ⓯ (🕓 Mo–Sa 8–18 Uhr) im klotzigen alten Zollgebäude, das nach einem Brand 1984 wiederaufgebaut wurde. Unter dem Vordach führen durchtrainierte Schwarze in ihren weißen weiten Hosen den Kampftanz *capoeira* (s. S. 45) auf. Innerhalb der feuersicheren Stahlkonstruktion rührt sich ein riesiger Einkaufsmarkt mit dem kompletten Kunsthandwerk Bahias und afrobrasilianischen Kultgegenständen. Am Hafenausgang vor dem Mercado legen vom *Terminal Marítimo* Ausflugsboote zu den Inseln der Allerheiligenbucht (s. S. 54) ab.

Rechtwinklig durchziehen Straßen und Sträßchen den Stadtteil *Comércio,* das von Hochhäusern bestimmte Handels- und Geschäftszentrum der Unterstadt. Ebenerdige Handwerkerläden reihen sich unter die alten Kontore und Kaufhäuser. Eine Menschentraube drängelt meist vor der Talstation der Standseilbahn **Plano Inclinado do Gonçalves** ⓰ (🕓 tgl. 5–20 Uhr) an der Rua Francisco Gonçalves. Die beiden Kabinen fahren im Pendelverkehr zur Oberstadt. Die „Bergstation" der bequemen Aufstiegshilfe entläßt ihre Passagiere hinter der Kathedrale an der Praça Ramos de Queiroz.

Zur **Igreja do Senhor do Bonfim

Auf dem Weg zur Halbinsel Itapagipe (Stadtausfahrt über die Av. da Franca) lohnt ein Stopp an der *Feira de São Joaquim* (🕓 tgl. 5–17 Uhr). Von getrockneten Krabben, tropischen Früchten und scharfen Gewürzen bis hin zu Ton- und Flechtwaren verschachtelt sich hier alles auf engstem Raum.

Am Neujahrstag wird vor der **Igreja da Boa Viagem** (Lg. da Boa Viagem, Monte Serrat) eine Christusstatue in einem Boot auf Gleisen zu Wasser gelassen. Hunderte von Fischerbooten versammeln sich zur Prozession zu Ehren des Schutzpatrons der Seefahrer, um eine gute Reise *(boa viagem),* d. h. erfolgreiche Ausfahrten das Jahr über, zu erbitten. Vor der **Igreja Nossa Senhora da Conceição da Praia** (🕓 tgl. 6.30–11.30, Mo–Fr auch 15–17.30 Uhr) in der Unterstadt holt ein Boot eine Marienstatue ab und reiht sich in den Zug hinaus aufs offene Meer ein.

An einem Sporn der Halbinsel liegt das ***Forte de Monte Serrat,** eine denkmalgeschützte alte Festung, die 1638 von den Holländern eingenommen wurde (nicht zugänglich).

15 Gehminuten entfernt steht auf einer kleinen Anhöhe vor einem palmengesäumten Platz die bekannteste Kirche von Bahia, die außen mit portugiesischen *azulejos* verkleidete ****Igreja do Senhor do Bonfim** (🕓 Di–So 6–12,

14–18 Uhr). Der Blick von ihrem Portal reicht bis zum historischen Zentrum Salvadors. Kleine Jungen bieten Bändchen als Erinnerung an den „Herrn des guten Endes von Bahia“ an, die sie einem, ehe man sich versieht, um das Handgelenk knüpfen. Für jeden der drei Knoten steht ein Wunsch, der in Erfüllung geht, wenn sich der Knoten wieder löst.

Die zwischen 1745 und 1754 erbaute Kirche ist Ziel des wichtigsten populären Festes in Salvador, das katholische und afrikanische Glaubenselemente verschmilzt: Am zweiten Donnerstag im Januar ziehen Hunderte von schwarzen Schwestern der *Candomblé*-Kulte (s. S. 52) in ihrer weißen Tracht zur Bonfim. Symbolisch waschen sie

Üppige Spitzenrüschen geben den bahianischen Frauenkleidern ihre besondere Pracht

Schwarze Musik

Stau in den Gassen des Pelourinho. Menschentrauben umringen die *blocos afro*, schwarze Musikgruppen. Sie brüllen ihre Lieder in der Sprache ihrer nach Salvador verschleppten Vorfahren. Schon Monate vor dem Karneval treiben die Proben für das große Fest den Schweiß auf die Haut. Energische Trommelschläge hallen hart von den Fassaden. Voller Wucht scheppern die Stöcke auf die *repiques* und *caixas*, mit Ledergurten um die Hüfte gebundene Trommeln. Tiefes Bumbum stoßen die *surdos*, faßgroße Baßtrommeln, aus. Vorne hüpft der „Dirigent“ mit Bob-Marley-Frisur. Trillerpfeife und Handzeichen ersetzen den Taktstock. Der Rhythmus mischt Reggae mit anderen karibischen Klängen. Das kulturelle Erbe der afrikanischen Vorfahren, ursprünglich rituelle Trommelrhythmen, um die Götter zu beschwören, wurde in der neuen Heimat abgewandelt und mit neuen Einflüssen durchmischt. Rauh, aufwühlend und hämmernd geht der Sound durch Mark und Bein.

Der **Bloco Afro Olodum** (Rua Gregório de Matos 22, ☎ 321-3208) ist mit seinen drei CDs und internationalen Auftritten der bekannteste der über ein Dutzend *blocos* (wörtl. Block, Gruppe). In einer eigenen Kindergruppe wird das Musikgut gleich an die Kleinen weitergegeben. Olodum probt jeden Dienstag, die Kinder sonntags.

Afoxê Filhos de Gandhi (Rua Gregório de Matos 53, ☎ 321-7073) gründeten schwarze Hafenarbeiter 1949 – im Jahr nach der Ermordung des indischen Politikers. Die „Söhne Gandhis“ machen in ihrem kulthaften Auftritten die Welt der Schwarzen öffentlich und wirken wie Olodum politisch.

Candomblé – mystische Beschwörung

Die Götterschar der afrobrasilianischen Religionen und Kulte erhob Salvador zur Stadt aller Heiligen. Auf den Altären der *terreiros* genannten Kultstätten finden sich kunterbunt die Figuren und Symbole afrikanischer Götter *(orixás)* und katholischer Heiliger in friedlichem Miteinander. Während die Heiligen aber starr sind, wollen die *orixás* tanzen.

Die Kommunikation zwischen den Gläubigen, den eingeweihten *filhos* und *filhas do santo* („Söhne" und „Töchter des Heiligen"), und ihrem *orixá* ermöglicht eine durch Trommelrhythmen und Tanz erreichte Trance. Sie hat ihren Ursprung im afrikanischen *batuque*. Während dieses von Trommeln begleiteten Ritualtanzes ergreift der Gott von den Gläubigen Besitz.

Den Zeremonien stehen Priester vor, der *pai* („Vater") oder die *mãe de santo* („Mutter des Heiligen"). Angebetet werden im *Candomblé* nicht bildliche Darstellungen der Götter, sondern deren *ferramentos*, eiserne Symbole (z. B. Doppelaxt, Pfeil, Messer). Was in Bahia *Candomblé* heißt, wird in Pernambuco (Recife) *Xangô* und in Rio de Janeiro *Umbanda* oder *Macumba* genannt.

Candomblé-Sitzungen dauern die ganze Nacht. Zuschauern kann es schnell langweilig werden, doch kann man nicht vorzeitig gehen.

die Freitreppen, weshalb die Prozession *Lavagem do Bonfim* heißt. Am darauffolgenden Montag beginnt die fröhliche *Festa da Ribeira* mit Samba-da-Roda („Samba der Straße") sowie *capoeira* (s. S. 45), und in einer kleinen Budenstadt werden Köstlichkeiten der bahianischen Küche frisch gebrutzelt.

Stadtstrände

Wie eine Minihalbinsel ragt die Anlage des **Forte Antônio da Barra** mit dem gedrungenen Leuchtturm Farol da Barra am südöstlichen Ende der Allerheiligenbucht in den Atlantik. Über dem ehemaligem Eingang der Anlage, heute *Hydrographisches Museum* (🕓 Di–So 11–17 Uhr), zeigt das Wappen des Kaiserreichs die drei Exportprodukte, mit denen Brasilien groß geworden ist: Tabakblätter, Zuckerrohr und Kaffee.

Zum Innern der Bucht hin spannt sich zwischen den Festungsanlagen **Forte Santa Maria** und **São Diogo** in weitem Bogen der vielbesuchte Stadtstrand *Praia do Porto*, während die *Praia do Farol* auf der Atlantikseite bis zu den Felsen des *Morro do Cristo* reicht. Bei der Christusstatue auf dem Hügel treffen sich ältere Männer zum Schwätzchen in der Morgensonne.

Entlang der Avenida Oceânica, der nächtlichen Hauptmeile des Strandlebens, folgen unterhalb der Felsen die *Praia do Cristo* und dahinter die *Praia de Ondina*, wo sich Salvadors gehobene Hotellerie konzentriert. Auf den nächsten 30 km bis zum Flughafen reiht sich ein Reigen funkelnder Sandstrände aneinander. **Rio Vermelho,** begehrte Wohngegend, bietet statt sauberen Meerwassers abendliches Remmidemmi in den Bars und Diskotheken.

Zwischen *Amaralina* und *Pituba*, zwei unbepflanzten und schmalen Strandabschnitten, sitzen *Baianas* in der Tracht ihrer weiten, weißen Röcke und bieten in kleinen Garküchen köstliche Gerichte aus Kokosmilch, Palmöl und Pfefferschoten an.

Am Strand *Chega Nega* („Da kommt ein Neger") wurden früher die Sklaven an Land geschleppt. Das Wasser ist heute wie beim *Jardim dos Namorados*, dem „Garten der Verliebten", wenig sauber. Im benachbarten *Jardim de Alah* („Garten Allahs") trainieren im Schatten der Palmen häufig *capoeiristas*. Daneben liegt die *Praia de Armação*, eine kleine, steinige Bucht mit einfachen Bars.

Im Viertel **Boca do Rio** rostet das Centro de Convenções, ein modernes Kongreßzentrum in Metall und Beton, vor sich hin. Die folgenden Sandstrände (mit vorgelagerten Riffen) entlang der mehrspurigen Avenida Octávio Mangabeira steigern sich bis zum Dorf **Itapuã,** dessen Leuchtturm am Strand noch die letzten Sonnenstrahlen einfängt. Brandungssurfer schätzen hier die hoch anbrandenden Wellen. Caetano Veloso und der Dichter Vinícius de Moraes haben den Strand als Ort der Begegnung und der Liebenden vielfach besungen.

War Itapuã lange Zeit meistbesuchter Strand der Jugend, so hat mittlerweile *Flamengo*, rund 10 km nördlich, diesen Platz übernommen. Hinter der Kirche von Itapuã zweigt die Dorfstraße zur **Lagoa de Abaeté,** einem Wahrzeichen Salvadors, ab. Von den grellweißen

In der Baía de Todos os Santos

Filha do santo des Candomblé

Kleines Götterglossar

Exu, der Götterbote, bringt die Wünsche der Menschen zu den *orixás.*

Iansã war in der afrikanischen Heimat die Göttin des Flusses Niger, in Salvador herrscht sie über Wind und Sturm. Sie wird der hl. Barbara gleichgestellt.

Iemanjá, Göttin des Meeres, wird mehreren Heiligen zugeordnet. Exu, Oxóssi und Ogum sind ihre Kinder.

Ogum, Herr von Krieg und Eisen, ist Gott derer, die mit Metall zu tun haben: Schmiede, Autofahrer und Zugführer. In Bahia entspricht er dem hl. Antonius.

Oxalá personifiziert den Erschaffer der Menschen und Götter. Er versinnbildlicht sowohl Alter als auch Jugend und entspricht Jesus Christus.

Oxóssi, König der tropischen Wälder, beschützt die Tiere. Ihm entspricht der hl. Georg.

Oxum, Königin des Süßwassers, kümmert sich um Schönheit, Fruchtbarkeit und Eleganz. Sie entspricht Unserer Lieben Frau der Lichtmesse *(Nossa Senhora das Candeias).*

Oxumarê, Gott des Regenbogens, verbindet Himmel und Erde, Mann und Frau, Wasser und Boden. Die katholische Entsprechung ist der hl. Bartholomäus.

Xangô, Gott des Blitzes, des Donners und der Gerechtigkeit, gehört zu den am meisten verehrten Göttern in Brasilien. Sein Äquivalent ist der hl. Hieronymus.

Dünen um den Natur- und Freizeitpark mit seinem tiefschwarzen Wasser eröffnet sich ein Ausblick bis zu den Hochhäusern der Stadt.

Inseln der Baía de Todos os Santos

Alle 45 Min. (Mo–Do 6–22, Fr–So 6–23 Uhr) legen in Salvador Fähren zur einstündigen Überfahrt auf die **Ilha de Itaparica** in der Allerheiligenbucht ab. Kilometerlange Autoschlangen warten an Wochenenden vor dem Terminal Turístico Marítimo de São Joaquim. Vom Fährhafen Bom Despacho aus läßt sich die 35 km lange Insel mit ihren langen Badestränden, einfachen Restaurants und reichem Grün per Gruppentaxis oder mitgebrachtem Auto erschließen.

Ein Schriftsteller hat die größte Insel Brasiliens (15 000 Einw.) im deutschsprachigen Raum bekannt gemacht. Urige Fischer, bildhübsche Landarbeiterkinder und reiche Großgrundbesitzer leben dort heute noch wie in kolonialen Zeiten. Im seinem Buch „Brasilien, Brasilien" (1988) benutzt João Ubaldo Ribeiro seine Geburtsinsel als Bühne seiner Geschichten.

Bei der Stadt **Itaparica** sprudeln aus der *Fonte da Bica* jährlich 46 000 l Mineralwasser. Einer Legende zufolge teilten Mönche aus Tibet die Erdoberfläche in Dreiecke ein, deren Spitzen besonders starke Energiepunkte bilden. Neben Brasília und São Lourenço soll die Insel Itaparica eine dieser Spitzen sein – Grund genug für mystische Bewegungen, auf einer Anhöhe vor Vera Cruz (Mar Grande) einen Tempel in Form einer weißen Pyramide zu errichten. Zwischen den Orten Conceição und Barra Grande kommen Resort-Fans im Club Mediterranée auf ihre Kosten.

Während Itaparica auch über eine Brücke von Westen her (Nazare) erreichbar ist, verkehren zu den kleineren Inseln der Allerheiligenbucht nur Ausflugsboote. Die **Ilha dos Frades** verbirgt in ihren grünen Wäldern einen Wasserfall, kleine Seen und einen Fluß, Strandbuden verköstigen die Besucher. Auf der kleineren **Ilha de Maré** kann man den Frauen bei Klöppelarbeiten zusehen und Spezialitäten aus Bananen kosten. Die meisten der Früchte werden nach Salvador verkauft.

Praktische Hinweise

Flughafen (8–22.30 Uhr), Busbahnhof (8–19 Uhr); **Bahiatursa,** Palácio Rio Branco (8–18 Uhr) und R. Gregório de Matos 12 (8.30–19 Uhr); **Entursa,** Lg. do Pelourinho (Mo–Sa 9–17 Uhr), Mercado Modelo (Mo–Sa 8–18 Uhr).

Aeroporto Dois de Julho, Estrada de Côco, 204-1135/1010. Busverbindung ins Zentrum bis 22 Uhr.
Terminal Rodoviária, Av. Antônio Carlos Magalhães, Pituba, 358-6633.

Terminal Turístico Marítimo de S. Joaquim, 242-9411/8489 (Mo–Do 6–22, Fr–So 6–23 Uhr).

Hotels

Caesar Towers, Av. Oceânica 1545, Ondina, (071) 235-8200, FAX 237-4668. Apartment mit Meerblick verlangen. $$$
Meridien Bahia, R. Fonte do Boi 216, Rio Vermelho, 248-8011, FAX 248-8902. Freistehendes Hochhaus an steiniger Küste. $$$
Hotel Pelourinho, R. Alfredo Brito 20, 321-9003. Meerblick auf der einen, Altstadtrummel auf der anderen Seite. $$
Albergue das Laranjeiras, R. Inácio Accioli 13, FAX 321-1366. Schlafräume wie in einer Jugendherberge. $

Restaurants

Alto de Ondina, Alto de Ondina, 245-8263. Hoch über dem Strand von Ondina, 21 Uhr Folkloreshow. $$$
Bargaço, R. Francisco Muniz Barreto 26, Pelourinho, 242-6546. Meeres-

früchte und typisch bahianische Gerichte. ($)

Cantina da Lua, Terreiro de Jesús, Pelourinho, ☏ 321-0331. Restaurant im ersten Stock, Biergarten auf dem Platz. ($)

Dona Chika-Ka, R. J. Castro Rabelo 10, Pelourinho, ☏ 321-1712. Für die Bar auf der Straße kommt aus dem ersten Stock ein Servierkorb. Spezialität *bobó de camarão.* ($)

Maria Mata Mouro, R. Inácio Accioli 8, ☏ 321-3929. Kunstvoll gestaltetes Interieur. ($)

Solar do Unhão, Av. do Contomo, ☏ 321-5551. Abendliches Buffet im Gemäuer der alten Zuckersiederei. Zum Nachtisch *Capoeira* und Tanz. ($)

Cafelíer, R. I. Accioli 16, Pelourinho, ☏ 321-9376. Künstlertreff bei süßem Kuchenduft. Mo geschl. ($)

Einkaufen: **Feira de São Joaquim** (s. S. 50); **Mercado Modelo** am Hafen (s. S. 50) und **Shopping do Pelô** (s. S. 50).

Literatur: Jorge Amado, „Leute aus Bahia", München 1994; „Nächte in Bahia", München 1988.

Direkt aus den Kochtöpfen werden die Köstlichkeiten verkauft

Naive Kunst steht im Mercado Modelo hoch im Kurs

Ausflüge

Recôncavo Baiano

Das um die Allerheiligenbucht gewölbte fruchtbare Hügelland hat sich seit der Sklavenzeit wenig verändert. Landlose Bauern pflanzen Zuckerrohr, Tabak, Obst und Gemüse, Pfeffer, Zimt und Nelken bringen gute Erlöse. Das Land gehört heute noch den Nachfahren der Gutsherren, die mit Zucker große Reichtümer erwarben.

In **São Francisco do Conde** (70 km), der ersten Station eines Tagesausfluges, erinnert – neben den alten Zuckersiedereien auf der *Ilha de Cajaíba* – die Kirche des *Convento São Francisco* aus dem frühen 18. Jh. an die Kolonialzeit.

Das Meer macht Laune

Santo Amaro (60 000 Einw.), 81 km, ist eine ruhige Kleinstadt, die nicht nur als Geburtsort der Geschwister Caetano Veloso und Maria Bethânia, die zu brasilianischen Popidolen aufstiegen, bekannt wurde. Vor seiner schlichten großen Kirche *Matriz da Nossa Senhora da Purificação* (1668) findet am 2. Februar mit großem Publikum die *Lavagem* (Waschen der Kirchentreppen) statt. Dazu führen Tanzgruppen die hier erfundene *Maculelê* auf, eine Choreographie mit Holzstöcken oder Machete, die ähnlich der *capoeira* (s. S. 45) zur Selbstverteidigung der Sklaven auf den Plantagen entstand. Am 13. Mai, zur Erinnerung an die Abschaffung der Sklaverei, beherrscht das Tanzfest *Bembé do Mercado* die Stadt.

Das ehemalige Zentrum des Zuckerrohranbaus, **Cachoeira** (30 000 Einw.), 116 km, liegt am Rio Paraguaçu. Auf dem Fluß fahren Lastschiffe bis nach Salvador. Waren aus dem Hinterland füllen jeden Mittwoch und Samstag den Markt des Städtchens. Ein kurzer Stadtrundgang, am besten nicht zur brütendheißen Mittagszeit, sollte neben den Kolonialkirchen (darunter die des heute als Hotel genutzten Karmeliterklosters) das *Museu Hansen Bahia* (🕓 Mo, Mi–Sa 8–12, 14–17, So 9–13 Uhr) einschließen. In den Räumen hängen Werke des expressionistischen norddeutschen Holzschnittkünstlers Karl-Heinz Hansen Bahia (1915–1978): Häufig porträtierte er die Prostituierten des Pelourinho in Salvador. Das Gebäude ist Geburtshaus der Krankenschwester Ana Nery, die im Krieg gegen Paraguay (1864–1870) zahlreichen Soldaten das Leben gerettet hat.

Hinüber an das andere Ufer nach **São Felix** (13 000 Einw.), 117 km, spannt sich die gewaltige Metallbrücke Dom Pedro II. Auch hier hat ein Deutscher Spuren hinterlassen: Der Bremer Kaufmann Gerhard Dannemann, 1872 zum Tabakanbau eingewandert, machte mit dem europäischen Exporterlös seiner Zigarren aus der Siedlung eine blühende Stadt. Im ** *Centro Cultural Dannemann* (🕓 Di–So 8–17 Uhr) am Flußufer stellen junge Frauen aus den Tabakblättern der Region Zigarren und Zigarillos her. Neben Ausstellungen und Musikwettbewerben findet hier alle zwei Jahre die *Biennale do Recôncavo* statt, zu der Maler und Bildhauer aus Brasilien kommen.

Estrada de Côco und Linha Verde

Kokospalmen und kein Ende. Über mehr als 50 km zieht sich die BA 099 vom Flughafen durch sanftgrüne Haine, die meerwärts gleißend helle Strände säumen. Vorbei an **Vilas do Atlântico,** dem Wochenendwohngebiet der Mittelschicht, zweigt eine Erdstraße (Ausbau im Gange) zum Strand von **Jauá,** 17 km vom Flughafen, ab. Riffe dienen als natürliche Wellenbrecher, so daß Kinder sorglos am Strand plantschen können. Einziger Wermutstropfen: das Chemiewerk der Gemeinde Camaçari.

Zum alten Fischerdorf **Arembepe,** 24 km, führt eine schnurgerade Asphaltstraße. Hier feiern die Bahianer am zweiten Wochenende nach Aschermittwoch noch einmal Karneval. Rund 2 km vom Dorfkern hat die WWF-unterstützte Organisation *TAMAR* zur Rettung der Meeresschildkröten eine ihrer Aufzuchtstationen. In Wassertanks paddeln dort frisch geschlüpfte Schildkröten. Auf dem Kamm der langgezogenen Dünenlandschaft hinterließ in *Aldeia Hippie* die brasilianische Flower-Power-Zeit wild gebaute Strohhütten. Heute wohnen dort hauptsächlich Künstler und Intellektuelle.

Die folgenden Strände **Guarajuba** (38 km) und **Itacimirim** (43 km) zeichnen sich durch eine breite Palette touristischer Einrichtungen aus, allen voran unzählige Strandbars, die bis spät in die Nacht geöffnet sind.

Jenseits des Rio Pojuca beginnt das naturgeschützte Paradies um das Fischerdorf ** **Praia do Forte** (55 km), wo Ruhesuchende abseits von Verkehr und Betonburgen im Praia do Forte Resort (s. S. 57) ausspannen, unmotorisiert

Wassersport treiben und an naturkundlichen Führungen teilnehmen können.

Die *Fundação Garcia d'Avila* setzt sich für einen umweltgerechten Ausbau der touristischen Infrastruktur ein. Nach Gemeindegesetz dürfen Gebäude so weit als möglich nur mit regionalen Materialen gebaut werden und nicht höher als eine Kokospalme sein. Wer eine Palme fällt, muß vier neue pflanzen, Fischer dürfen ihren Grundbesitz nur an Einheimische verkaufen. Am Fuß des Leuchtturmes hat die Organisation *TAMAR* (s. S. 56) ihren Hauptsitz (9–17 Uhr).

Attraktion des Dorfs ist jedoch das **Castelo da Torre de Garcia d'Avila** auf einer palmenbestanden Anhöhe, das erste größere Gebäude der Portugiesen in Brasilien. Schon 1551 wurde die Kapelle mit sechseckigem Grundriß gebaut, 1624 entstand das imposante Herrenhaus, dessen eingefallene Mauern schwarzbraun schimmern. Die riesigen Ländereien dehnten sich über 800 000 km² bis in den heutigen Bundesstaat Piauí aus.

Hotel Praia do Forte Resort, Av. do Farol, Praia do Forte, (071) 876-1111, FAX 876-1112. Eines der besten Ferienhotels: 138 Apartments plus 64 der Luxusklasse. $

Die jüngste Schneise zu den Stränden nördlich von Praia do Forte verläuft hügelauf und hügelab bis an die Grenze des Bundesstaates Sergipe. Abseits des glattesten Asphalts, den Bahia vorweisen kann, geht es ein kurzes Stück über Sandstraßen und schließlich sandige Fußpfade nach **Imbassaí,** 70 km vom Flughafen. Durch eine lange Sandbank entstand ein Naturschwimmbad, um das sich Strohhüttengastronomie gruppiert. Kokospalmenwälder rahmen den rustikalen Badeort ein.

Porto Sauípe, 95 km, ist ein Fischerdorf mit großem, kneipengesäumtem Dorfplatz und weißen Stränden hinter einer langgestreckten Düne.

An der Estrada de Côco

Zigarrenherstellung im Centro Cultural Dannemann in São Felix

Der Südosten

Seite 59

Minen und Metropolen

Belo Horizonte · * Ouro Preto**
*** Mariana · Congonhas do Campo**

Wo Hügelland an schroffe Bergflanken stößt, hinterließ das Gold aus den Erzminen Glanzlichter des Kolonialbarock. Die engen Gassen und strahlenden Kirchen von Ouro Preto verharren bis heute in der Architektur kolonialer Zeiten. Demgegenüber explodieren die verdichteten Stadträume im Industriedreieck Belo Horizonte, São Paulo und Rio de Janeiro.

Über die Hälfte aller Großstädte Brasiliens liegen im Südosten. Dort drängt sich der größte Teil der Bevölkerung (44 %). Größter Bundesstaat mit fast 590 000 km² ist das an Bodenschätzen reiche *Minas Gerais* (portug.: allgemeine Minen). Das abgeschiedene Hochland bestimmte im Gold- und Diamantenfieber den internationalen Handel: Von 1700 bis 1820 wurden dort mit etwa 1200 t Gold 80 % der Weltproduktion gefördert, und nicht von ungefähr gelten die *mineiros* als arbeitsam und stur. Eisenerz im Tagebau löste das Gold ab. Über 6000 km Schienen wurden gebaut, um die Abbaustätten mit den Exporthäfen Vitoria und Rio de Janeiro zu verbinden. Die enormen Stauseen von Três Marias machen Minas Gerais auch zu einem national bedeutenden Energieproduzenten.

Belo Horizonte – schöne Aussichten

Angenehm kühle Luft strömt nachts von den hohen Bergflanken durch die im Schachbrettmuster angelegten Ruas von Belo Horizonte und die diagonalen, von Bäumen gesäumten, mächtigen Avenidas. Eine Studie des nordamerikanischen Population Crisis Committee bescheinigte selbst noch 1990 den 2 Mio. Einwohnern die beste Lebensquälität unter Lateinamerikas Metropolen. Mit weiten Plätzen, Parks und Gärten diente u. a. Buenos Aires den Planern als Vorbild für die neue Hauptstadt von Minas Gerais, die Ouro Preto ablösen sollte. Noch 1707 war der Ort ein „*Curral Del Rey*" genannter Umschlagplatz der Rinderherden aus dem Hinterland. Nach vier rasanten Baujahren 1897 als erste geplante brasilianische Stadt eingeweiht, bot das von der Avenida Contorno umschlossene Zentrum 200 000 Einwohnern Platz.

Hinter dem **Mirante,** dem besten Aussichtspunkt, wo sich im schummrigen Abendlicht Popcornverkäufer, Liebespaare und Touristen tummeln, breitet sich der *Parque das Mangabeiras* über die Hänge des ehemaligen Erzabbaugeländes aus. Eichhörnchen, Biker, Wanderer und Ballspieler kommen in der frischen Bergluft auf ihre Kosten.

Der noble Vorort **Pampulha** rund um einen künstlichen See diente unter dem Bürgermeister Juscelino Kubitschek als Versuchsfeld moderner Architektur. Zwischen herrschaftliche Villen und reiche Sportklubs stellte Oscar Niemeyer 1943 die Kirche **** São Francisco de Assis** (Mo geschl.) an die Uferstraße Av. Otacílio Negrão de Lima. Die hügelig wie die Berge von Minas Gerais geformten Betontonnen schmücken Skulpturen von Alfredo Ceschiatti und Kachelflächen von Portinari (s. S. 19). Erstes Bauwerk Niemeyers am Seeufer war das mittlerweile zum **Museu de Arte** (1940) umfunktionierte Kasino.

ℹ **TURMINAS,** Av. Bias Fortes 50 (Pça. da Liberdade), ☎ 212-2134, 🕒 Mo–Fr 12–18 Uhr.
✈ **Aeroporto Tancredo Neves,** Estrada Velha de Confins, ☎ 689-2700.
🚌 **Estação Rodoviária,** Pça. Rio Branco, ☎ 201-8111/8618/8830.

🏨 **Othon Palace,** Av. Afonso Pena 1050, ☎ (031) 273-3844, 📠 212-2318. Bestes Hotel der Stadt. $$
Max Savassi Apart Hotel, Rua

A. de Albuquerque 335, ☎ 225-6466, FAX 223-0747. Apartments an der Pça. da Savassi mit Wohnküche, Balkon und Schwimmbad auf der Terrasse. $

Dona Lucinha, R. Padre Odorico 38, Savassi, ☎ 227-0562. Wie in Mutters Küche selbst aus den Töpfen schöpfen. $

Pier 32, Av. Alfonso Pena 3328, Mangabeiras, ☎ 225-0782. Vor den Augen der Gäste wird gekocht, Selfservice. $

Alambique, Av. Raja Gabaglia 3200 Chalé 1-D, ☎ 344-0110/0233. Rund 250 Sorten Zuckerrohrschnaps, Blick über das Lichtermeer der Stadt. $

Einkaufen: Laden für hochwertiges Kunsthandwerk im **Palácio das Artes** (Av. Afonso Pena). **Kunsthandwerksmarkt** auf der Av. Afonso Pena (🕓 So 8–14 Uhr). **Antiquitätenmarkt** und Biergarten mit Gerichten der Region unter den Gummibäumen der Av. Bernardo Monteiro (🕓 Sa ab 10 Uhr).

Eng schmiegen sich die Häuser in Ouro Preto an die Berghänge

Der Bergbau brachte Brasilien unermeßliche Reichtümer

Seite 59

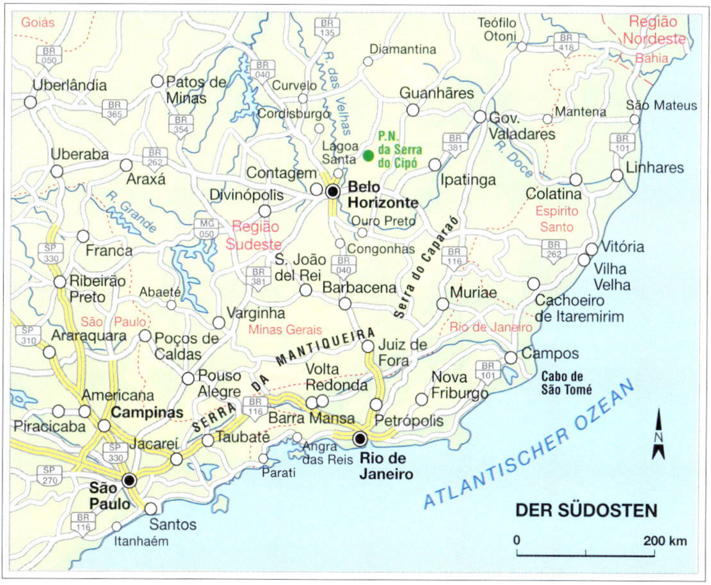

Seite 59

Ausflüge von Belo Horizonte

Sete Lagoas (144 000 Einw.), 72 km, bietet in einem Tagesausflug Einblick in das ländliche Minas Gerais. Auf dem Weg über die BR 040 bei km 479 serviert der Fazenda-Gasthof **Engenho** (☎ 031/773-9012) in Holzofenromantik Gerichte aus eigener Schlachterei, Schnapsbrennerei und Gemüse von eigenen Feldern. Ein Stück Unterwelt zeigt die Tropfsteinhöhle *Gruta Rei do Mato* (8–18 Uhr), bevor man die Stadt mit ihrem zentralen See *Paulinha* erreicht, oder 50 km nach Sete Lagoas bei Cordisburgo die *Gruta do Maquiné*.

Gewaltige Ausmaße zeichnen auch die **Gruta da Lapinha** (511 m lang, 40 m tief) bei *Lagoa Santa* (41 km) aus. Das Städtchen ist zudem Tor zum **Parque Nacional da Serra do Cipó.** Touren auf Pferderücken durch Schluchten und orchideenreiche Wälder (☎ 226-3700, 341-1272) beginnen außerdem in Nova Lima (☎ 273-3213). Auf den zweithöchsten Berg Brasiliens, den Pico da Bandeira (2890 m) im **Parque Nacional do Caparaó** (☎ 031/291-6588), gelangt man in einer Zweitagestour ab Alto Caparaó (Anfahrt über Manhuaçu, 280 km östl. B. H.). Bromelien und Orchideen setzen farbige Akzente in dem dunklen Grün der Bergwälder.

In **Pirapora** (342 km nördl. B. H.) legen zu unregelmäßigen Zeiten betagte Dampfer zur gemächlichen Reise auf dem Rio São Francisco ab (Companhia de Navegação do São Francisco, Av. São Francisco 1396). Wer auf Komfort verzichten kann sowie Zeit und eine Hängematte mitbringt, erlebt während 10 Tagen den Landschaftswechsel vom grünen Weide- und Waldland zur offenen und trocken-braunen Savanne bei Juazeiro am Stausee do Sobradinho (Karte S. 73).

Das „Eisenviereck"

Lohnende Ausflugsziele von Belo Horizonte aus sind besonders die ehemaligen Goldgräberstädte: Vom einstigen Reichtum **Sabarás** (25 km) im 18. Jh. künden noch zahlreiche Häuser und Kirchen, **São João del Rei** (201 km) und das reizvoll am Berg gelegene **Tiradentes** (214 km), Stadt des Freiheitskämpfers (s. S. 61), bezaubern mit ihrer stimmungsvollen kolonialen Atmosphäre. Im Geburtsort des Präsidenten Kubitschek, **Diamantina** (290 km), Hauptort des kolonialzeitlichen Diamantendistrikts mit einem Diamantenmuseum und sehenswerten Kirchen, soll Oscar Niemeyer von der Bogenkonstruktion der Markthalle zum Entwurf des Präsidentenpalastes von Brasília (s. S. 81) angeregt worden sein.

*** Ouro Preto

Schon aus der Ferne weist der Doppelgipfel des 1752 m hohen Itacolomi (indian.: Stein und Kind) den Weg in die an die Berghänge geklebte Stadt (63 000 Einw.; 96 km). Gold war auch hier der Dünger für die einzigartige barocke Stadtlandschaft in der Einsamkeit tief eingeschnittener Täler. Zwar verschwand ein Fünftel des aus dem Flußsand gewaschenen Edelmetalls in den Truhen der portugiesischen Krone, doch was übrig blieb, reichte für großartige Kirchen und Wohnhäuser. Die „reiche Stadt" Vila Rica de Albuquerque zählte im 18. Jh. mehr Einwohner als New York oder Rio.

Jeder zu Fuß zurückgelegte Meter offenbart, welche Wunderwerke – ob in Speckstein, Rosenquarzit oder Marmor – der Kunstrausch vergangener Hochzeiten hervorbrachte. Nicht die einzelnen Gebäude sind es, die faszinieren, sondern das in seiner Gesamtheit erhaltene Ensemble steiler Gassen und herrschaftlicher Gebäude. Die Menschen in den Bars, Läden und Werkstätten an der holprig gepflasterten Ortseinfahrt scheinen den Trubel um das 1980 von der UNESCO zum Weltkulturerbe erklärte Juwel wenig ernst zu nehmen. Kirchen wie die nach einem portugiesischen Fischerdorf benannte *Senhor Bom Jesús de Matozinhos* (1792) sind für sie Stätten alltäglicher religiöser Verehrung.

Wegen des Panoramablicks über die Stadt lohnt sich der Besuch zweier Kirchen: **São Francisco de Paulo** (1804 bis 1878) und die ein Jahrhundert ältere **Sta. Efigênia dos Pretos** (🕓 8–12 Uhr). An der rechten Seitenwand steht der Trog, in dem sich Sklaven geschmuggelten Goldstaub aus dem krausen Haar wuschen, um sich damit nach dem Vorbild des Sklavenkönigs Chico Rei (s. S. 62) freizukaufen.

Seite 59

Von Santa Efigênia sieht man hinüber zum Hauptplatz, der **Praça Tiradentes.** Das barocke Ensemble wird gestört von dem klobigen Nationalmonument für die *Inconfidência Mineira,* eine Verschwörung, die die Unabhängigkeit vom Mutterland Portugal anstrebte. 1792 stand hier noch der Sklavenpranger mit dem aufgespießten Kopf ihres Anführers *Tiradentes,* mit bürgerlichem Namen Joaquim José da Silva Xavier und Zahnzieher von Beruf. Dokumente dazu liegen im **Museu da Inconfidência** (🕓 Di–So 12–17.30 Uhr).

Unter den rund 25 000 Mineralien im **Museu de Mineralogia,** dem Gebäude der alten Residenz mit herrschaftlichem Ausblick über den Platz, dämmern im klimatisierten Halbdunkel der Vitrinen die Taufpaten der Stadt vor sich hin: Goldklumpen *(ouro),* die eine

Prophetenfigur von Aleijadinho in Congonhas do Campo

Das Krüppelchen

Antônio Francisco Lisboa, 1730 als unehelicher Sohn eines vornehmen portugiesischen Architekten und dessen Sklavin Isabel geboren, übertrumpfte als Meister barocker Baukunst, Malerei und Bildhauerei die Künstler seiner Zeit. In der Fassadengestaltung löste er sich von geometrischen Schemata und bediente sich weicher Linien. Seinen Skulpturen gab er individuelle Ausdruckskraft und Dramatik. Im 47. Lebensjahr verlor er durch eine schwere Krankheit – die Spekulationen reichen von Syphilis über Arthritis bis zu Lepra – alle Zehen und konnte sich nur noch auf Knien fortbewegen. Als er sich im Kampf gegen die starken Schmerzen selbst mit dem Stechmeißel die Finger abgetrennt hatte, paßte sein vertrauter Sklave Maurício den verkrüppelten Händen Spezialwerkzeuge an und befestigte an den Knien ein Gerät aus Holz und Leder, mit dem sich *Aleijadinho* („der kleine Krüppel") voller Wagemut auf die höchsten Leitern und Gerüste schwang. Dort arbeitete er gewöhnlich unter einer Decke versteckt. Arm und erblindet starb der Meister mit 84 Jahren bei seiner Schwiegertochter Joana, die ihn pflegte.

schwarze *(preto)* Kruste aus Eisenerz und Palladium tragen (Mo–Fr 12 bis 17, Sa, So, Fei 13–17 Uhr).

Seite 59

Nur wenige Schritte vom Hauptplatz liegt das **Teatro Municipal,** Rua Brig. Mosqueira (13–17.30 Uhr), das älteste Opernhaus Brasiliens (1746–1769). Die **Casa dos Contos** (Rua São José 12; Di–Sa 12.30–17, So, Fei 8.30–13.30 Uhr), ehemals Bankhaus und Goldschmelze, zeigt heute eine interessante Ausstellung von Münzen und Möbeln.

Zwischen der Pousada Mondego und dem Touristenmarkt mit Specksteinfiguren öffnet sich der Vorplatz der ***** Igreja São Francisco de Assis** (8–11, 13–17 Uhr). Der Bau zog sich von 1765 bis 1810 hin und gibt heute einen Einblick in das unglaubliche Werk des Meisters *Aleijadinho* (s. S. 61), auf den die bauliche Konzeption wie auch die künstlerische Ausgestaltung zurückgeht. Die sparsame Verwendung von Blattgold und die dafür um so kunstvolleren spätbarocken Bildhauerarbeiten sind charakteristisch für die Bauzeit gegen Ende des Goldrausches.

Die 1730–1741 entstandene **** Igreja Matriz de Nossa Senhora do Pilar** (12–17 Uhr) gilt nach der Igreja de São Francisco in Salvador (s. S. 46) als die an Goldarbeiten reichste Kirche Brasiliens. Daß der Innenraum komplett in Zedernholz gestaltet ist, fällt unter der rund 434 kg schweren Goldauflage kaum auf. Die wie Gliederpuppen beweglichen Heiligenfiguren tragen echte Haare und Kleidung und können für verschiedene Anlässe umgezogen werden. Die Gewänder verdecken die Körper bis auf Kopf, Hände und Füße, so daß die aufwendigen Schnitzarbeiten auf diese Körperteile beschränkt wurden. Ein vorsichtiger Blick unter die Kutten zeigt grob zusammengenagelte Lattengerüste.

Der Sklavenkönig gab der am Stadtrand gelegenen **Mina do Chico Rei** (1702–1888) seinen Namen. Mit dem Tag der Abschaffung der Sklaverei wurde der Schürfbetrieb eingestellt, Chico Rei hatte aber bereits vorher seine Freiheit erlangt. (Rua Dom Silvério 108, ☎ 551-1749; 8–17 Uhr.)

ⓘ **Associação de Guias,** Pça. Tiradentes 84, ☎ 551-2655, 8–18 Uhr.

(H) **Hotel Solar Nossa Senhora do Rosário,** Rua Getúlio Vargas 270, ☎ 551-4200, Fax 551-4288. Stilecht renoviertes historisches Anwesen im Altstadtensemble. Vor dem Eingang zu einer begehbaren ehem. Goldmine wurde ein Tagungsraum installiert. Im Restaurant **Le Coq d'Or** kocht ein Schüler von Bocuse. ($$)

(R) **Casa do Ouvidor,** Rua Direita 42, 1. Stock, ☎ 551-2141. Köstliches *tutu à mineira* und Guavekompott. ($)

Cozinha mineira

Die Küche von Minas Gerais widerlegt das Sprichwort, daß viele Köche den Brei verderben. Aus den Zutaten indianischer, portugiesischer und afrikanischer Eßkultur entstand eine in ganz Brasilien geschätzte Speisekarte. Maisbrei begleitet *frango ao molho prado,* Huhn in dunkler Blutsoße. Eine trockene Sache sind mit gerösteten Zwiebeln und Maniokmehl gemischte Bohnen: *feijão-tropeiro,* den die Viehhirten auf Pferderitten mitnehmen können. In Restaurants werden dazu gebratene Würste, Würfel fritierter Schweineschwarte *(torresmo)* und fein geschnittener Grünkohl serviert. Würzig-dicker Bohnenbrei heißt *tutú* und gehört zum Schweinerücken *à mineira.* Eine Leckerei für zwischendurch ist ein ofenfrisches *pão de queijo.* Geriebener Hartkäse bereichert den Teig der plätzchengroßen Brötchen. Fazendas stellen aus Kuhmilch den *queijo mineiro* her, einen weißen, überaus saftigen Weichkäse, der als Nachtisch mit Guavemarmelade oder süßer Karamelcreme auf den Tisch kommt.

Auf dem Weg nach Mariana, vorbei an den Eingängen alter Minenstollen, zeigt nach 4 km die 1984 aufgelassene **Mina de Ouro da Passagem** (🕓 9–18 Uhr), welche Schinderei für die Menschen mit dem Goldabbau unter Tage verbunden war.

Besucherrummel stört ihn nicht

Seite 59

***Mariana** (40 000 Einw.), erste Hauptstadt und Bischofssitz (1745) von Minas Gerais, wurde 1703 unweit des Bachlaufes gegründet, an dem der Bandeirante João Lopes de Lima Gold entdeckt hatte. Früher wie heute steht es im Schatten des barocken Glanzes von Ouro Preto. Eher unbedeutend ist ihr altes Zentrum rund um Pranger und ehemaliges Rathaus, während sich heute die Bewohner am Platz vor der *Basílica da Sé* (🕓 9–17 Uhr) treffen und gelegentlich auch den musikalischen Erklärungen der Organistin Elisa Freixo (Fr 11, So 12 Uhr) über die Kirchenorgel lauschen. Das von dem Norddeutschen Arp Schnitger hergestellte Instrument war 1752 aus Portugal über den Atlantik geschifft worden.

Passionsgruppe von Aleijadinho in Congonhas do Campo

Congonhas do Campo (36 000 Einw.) lebte einst von ergiebigen Goldvorkommen an den Ufern des rotbraunen Rio Maranhão. Nicht die Stadt, sondern die berühmte *** *Wallfahrtsstätte* auf den weithin sichtbaren Hügel ist das Ziel der meisten Besucher. Sie geht auf ein Gelübde des portugiesischen Diamantensuchers Feliciano Mendes in Ehrung des Schutzheiligen von Braga zurück. Zwölf Prophetenfiguren, Alterswerke des großen *Aleijadinho*, bewachen – wie die in Stein erstarrrten Akteure eines Schauspiels – die *Basílica do Senhor Bom Jesus de Matosinhos*. Der Pilgerweg zur Kirche führt den Berg hinauf an sechs Kapellen mit ausdrucksstarken Gruppen der Passionsgeschichte vorbei. An den 66 mit Gips überzogenen Holzfiguren arbeitete Aleijadinho mit seiner Werkstatt von 1796–1799.

In Ouro Preto scheint die Zeit im 19. Jahrhundert stehengeblieben

Der Süden

Seite 67

Europa im Blut

***Curitiba · ***Cataratas do Iguaçu**
Florianópolis · *Blumenau
Porto Alegre

Zwischen Pinienwäldern und sanftem Hügelland lebt das europäische Brasilien. Einwanderer aus Polen und Deutschland gründeten Städte ohne koloniale Vergangenheit. Trotz blauer Augen, blonden Haars und heller Haut fühlen sich die Deutschstämmigen in Blumenau als echte Brasilianer. Wasserfälle und Kraftwerk machen Foz do Iguaçu gleichermaßen zum Monument von Technik und Natur.

In die Südstaaten Paraná, Santa Catarina und Rio Grande do Sul stoßen zwischen Mai und August bisweilen kalte Luftmassen aus dem Süden vor. Frost und in Hochlagen sogar Schnee des feuchtkalten Südwinters stehen im krassen Gegensatz zu den schwülheißen Sommermonaten. Während die winterlichen Nachtfröste besonders von den Kaffeepflanzern gefürchtet werden, waren es gerade die deutlich spürbaren Jahreszeiten, die den europäischen Einwanderern willkommen waren. Was sie mitbrachten, hat sich über Generationen gehalten: Deutsche Volksmusik gehört genauso zum Süden wie italienischer Weinbau oder Schweizer Handwerkskunst.

Musterstadt *Curitiba

Curitiba nennt sich „Brasiliens ökologische Hauptstadt". Es gilt mit 50 m² Grünfläche für jeden der 1,4 Mio. Einwohner (1970: 0,5 m²/Einw.) und 120 km Radwegen *(ciclovias)* als unübersehbar menschengerechte Stadt in angenehm temperierter Höhenlage. Die gepflasterte Rua das Flores war 1972 die erste Fußgängerzone in Brasilien. Wetterunabhängig ist die **Rua 24 Horas,** eine rund um die Uhr geöffnete Passage unter filigraner Metallröhrenarchitektur. Eine braune Pflasterlinie *(Linha Pinhão)* leitet die Besucher zu 51 Sehenswürdigkeiten zwischen den belebten Plätzen *João Cândido* und *Praça Osório* (englischsprachige Führer an den Kiosken). Die meisten Gebäude stammen aus der Gründungszeit um die Jahrhundertwende, z. B. Kaffeehäuser, Lagerschuppen, Hotelbauten und öffentliche Einrichtungen. Das **Museu Paranaense** (Pça. Generoso Marques, ☎ 234-3611; ⏲ Di–Sa 10–18, So 13 bis 18 Uhr), untergebracht im ehemaligen Rathaus – einem attraktiven Jugendstilgebäude –, ist der Kultur der regionalen Indianerstämme gewidmet.

Außerhalb des Zentrums unbedingt sehenswert – alles mit Stadtrundfahrten, Bus oder Taxi zu errreichen – ist die von Jacques Cousteau eingeweihte ***Umweltuniversität** im Bosque Zaninelli, eine Art Volkshochschule zur Umwelterziehung. Sie beeindruckt durch ihre Lage in einem parkähnlich rekultivierten Steinbruch und die extravangante Holzarchitektur. Menschenscharen stürmen am Wochenende den **Barigüi-Park** um einen von Wasservögeln bevölkerten See. Der in französischem Stil angelegte **Jardim Botânico** geht hinter dem eleganten Treibhaus in einen subtropischen Wald über. Im *Parque das Pedreiras* (Mo geschl.) steht – umgeben von Felsen, Blumen und Wasser – die postmoderne **Ópera do Arame,** deren metallene Fassadenröhren rundum große Bögen bilden. Nach seinem prominentesten Besucher umbenannt ist der pinienbestandene **Bosque João Paulo II** oder kurz *Bosque do Papa* („Papstwald"). Holzblockhäuser zeigen das Leben zur Zeit der polnischen Einwanderer.

Der 109 m hohe Fernsehturm **Torre das Mercês** (⏲ Di–Fr 15–21.30, Sa, So 10–21.30 Uhr) gewährt einen Blick auf die geordnete Stadtstruktur mit ihrem einzigartig organisierten öffentlichen

Personenverkehr. Expreßbusse fahren auf eigenen Fahrspuren. Röhren dienen als Zusteigestationen für den noch schnelleren Bus *Ligerinho*.

Secretaria de Esporte e Turismo, R. Dep. Mário de Barros 1290, Centro Cívico, ☎ 254-6933. Mo–Fr 8–18 Uhr.

Flughafen **Afonso Pena** in São José dos Pinhais, 17 km, ☎ 283-5533. **Estação Rodoferroviária,** Av. Afonso Camargo, ☎ 322-4344.

Estação Rodoferroviária, ☎ 234-8441/321-7239. Paranaguá Jan.–Febr. tgl. 9 Uhr, März–Dez. nur Di, Do, Sa, So.
Fahrkarten: ☎ 234-8441 u. 321-7239 (Mo–Fr 7–19, Sa, So 7–12 Uhr).

Promenade, R. Mariano Torres 976, ☎ 322-4341, FAX 234-2927. Raus aus Zug und Bus, rein ins Hotel. $$
Itamarati, R. Tibagi 950, ☎ 222-9063. Große Apartments mit alten Möbeln. $

Boulevard, R. Vol. da Pátria 539, ☎ 224-8244. Mehrfach ausgezeichneter Franzose. Restaurant des Jahres 1994. $$$

Seite 67

Gaúchos, Viehhirten des Südens

Ópera do Arame, Curitiba

Land der Gaúchos

Kampfgeist, Stolz und Stärke wird ihnen nachgesagt, spanisches wie indianische Blut fließt in den Adern der versierten Viehhirten in den baumlosen Grassteppen des Südens. 5000 Kühe und mehr kommen auf einen *gaúcho,* wo das Land in die weite argentinische Pampa übergeht und die Staubwolken der Herden den Himmel gelb färben. Zu Festen und für touristische Shows renommieren sie in edler Tracht: Über den hohen Stiefeln pludern weite helle Baumwollhosen, die *bombachas,* die an orientalische Beinkleider erinnern, und bestickte Lederwesten geben den schlichten weißen Hemden Pfiff. Auch wenn der gaúcho seine Kleidung wechselt, nie gibt er die *cuia* aus der Hand. Mit versilberten Eisenröhrchen schlürfen die gaúchos Mate-Tee *(chimarrão)* aus dem trichterförmigen Hals eines Flaschenkürbisses *(cuia),* in dem sie hellgrünes Pulver mit kochendem Wasser aufbrühen. Für das Pulver werden die Zweige und Blätter einer Eichenart geröstet und fein gemahlen, wodurch sich das rauchig-bittere Aroma der anregenden Essenzen voll entfaltet. Ein Zug aus der *cuia* empfiehlt sich allen, denen die tropische Hitze zusetzt.

Seite 67

Naipi und Tarobá

Die Kaingang-Indianer am Rio Iguaçu glaubten, daß die Welt von der göttlichen Wasserschlange M'Boy regiert werde. Einst sollte ihr, wie in jedem Mondjahr, die wunderschöne Naipi, Tochter des Häuptlings Ignobi, geopfert werden. Naipi aber verliebte sich in den jungen Krieger Tarobá und bestieg mit ihm in der Opfernacht ein Kanu. Die Flucht der beiden erzürnte M'Boy. Wild schlug die Wasserschlange um sich, sie peitschte den Fluß auf und drang sogar in die Erde ein. Ihr sich aufbäumender Körper sprengte eine enorme Kluft in die Felsen, so daß dort der Rio Iguaçu in die Tiefe stürzte. Die Wassermassen rissen die flüchtende Häuptlingstocher und ihren Geliebten aus großer Höhe mit sich. Tarobá wurde dabei in eine Palme, Naipi in einen Felsen unterhalb der Wasserfälle verwandelt, so daß sie sich nie mehr der Gewalt M'Boys entziehen konnten.

Devon's, R. Lysimaco Ferreira da Costa 436, Centro Civico, ☎ 254-7573. *Churrascaria* mit edlem Fleisch. ($)
Madalosso, Av. Manoel Ribas 5875, Santa Felicidade, ☎ 272-1014. Zum Fixpreis auf 4000 Sitzplätzen alles, was die Küche italienischer Einwanderer bietet. ($)

Einkaufen: **Dall'Armi,** Av. Manoel Ribas 6440, Santa Felicidade, ☎ FAX 272-1571. Wurst, Käse und Wein vom Faß. Der Mandarinenwein ist ein Gedicht.

Ausflüge von Curitiba

Mit dem Zug zur Küste: Durch Tunnels und oft eng am Fels der Serra do Mar entlang rauscht die Eisenbahn in 3 Std. durch den von der UNESCO zum Biosphärenreservat erklärten Urwald der *Mata Atlântica* zur Hafenstadt **Paranaguá** (110 000 Einw., 90 km). Für Mountainbiker und Wanderer geeignet sind die 300 Jahre alten Wege der *Estrada da Graciosa* und *Estrada da Itupava.* Zusteigemöglichkeit zur Eisenbahn bei Morretes. Weitgestreckte Sandstrände bietet die von Paranaguá per Boot erreichbare **Ilha do Mel** mit einem alten Fort oder die Bucht zwischen **Matinhos** (124 km) und **Guaratuba** (127 km).

Nordwestlich von Curitiba liegt vor Ponta Grossa (BR 376) der staatliche Park **Vila Velha** (93 km), eine bizzare, von Wind und Wetter geformte Felsenlandschaft. In einen der bis zu 100 m tiefen Krater führt sogar ein Aufzug. Das Licht der Nachmittagssonne zaubert – wie der Name besagt – einen goldenen Schimmer auf die *Lagoa Dourada.*

*** Cataratas do Iguaçu

Bei Foz do Iguaçu (190 000 Einw.), 637 km von Curitiba, konkurrieren mit den Iguaçu-Fällen (20 km außerhalb) und dem binationalen Wasserkraftwerk Itaipú (s. u.) in unmittelbarer Nähe überdimensionale Werke von Mensch und Natur miteinander. Tosender Donner und feinste Wassertröpfchen von abertausend Kubikmetern Wasser, die über Basaltfelsen hinabstürzen, füllen die Luft über dem 240 000 ha großen Nationalpark.

Wie weiß-kristallene Gardinen fallen die Wassergirlanden von den braun und grün bemoosten Felsen. Besucher können sich über Fußpfade, Stege und Brücken bis nahe an die Fälle heranwagen. Ständig erneuert die Naturgewalt den süßen Wasserlack auf Haut, Blättern und Erde. Wie ein Riesenabfluß verwandelt die *Garganta del Diablo* („Teufelsschlund") auf argentinischer Seite den ruhig fließenden Rio Iguaçu in aufgewühlte schneeweiße Gischt. 275 bis zu 75 m hohe Kaskaden auf 4 km Länge lassen pro Stunde 40 bis 140 Mio. t Wasser hinunterrauschen.

Eine geplante Leistung von 12 600 MW macht das Wasserkraftwerk **Itaipú** (indian., singender Fels) zum weltgrößten Technikmonument seiner Art. Hinter der Staumauer breitet sich ein See aus – fast dreimal so groß wie der Bodensee. Kostenlose Busrundfahrt und Filmvorführung (nach Voranmeldung, ☎ 522-1212; 🕓 Mo–Sa 8–16 Uhr).

Foztur, R. Alm. Barroso 1065, ☎ 574-2196, 574-1516.
✈ Internat. Flughafen, 16 km außerhalb, ☎ 574-1744.
Tropical Hotel das Cataratas, ☎ (045) 523-2266, FAX 574-1688. Einziges Hotel im Nationalpark mit Landeplatz für Rundflüge über die Wasserfälle. $$)

Die Iguaçu-Fälle, Naturwunder im Süden des Landes

Strände, Wein und Fachwerkhäuser

Florianópolis (250 000 Einw.), Hauptstadt von Santa Catarina, liegt mit ihrem Zentrum auf der über 50 km langen Ilha de Santa Catarina. Brükken vertäuen sie wie ein

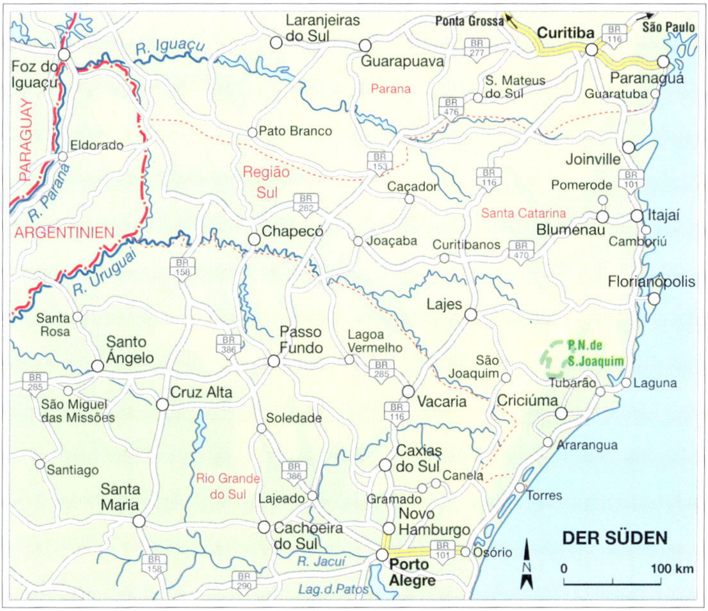

Schiff mit dem Festland. Gegründet wurde Florianópolis 1748 durch portugiesische Familien, die von den Azoren übersiedelten, doch sucht man heute vergeblich nach Altertümlichem in der modernen Stadt. Kleine Sandsicheln spannen sich zwischen die riesigen Steinmurmeln an den wunderschönen **** Inselstränden** – 42 an der Zahl. Die Lagoa da Conçeicão (auf der Insel), einst bekannt für guten Krabbenfang, leidet derzeit unter Verschmutzung und ist für Wassersport nur noch bedingt geeignet.

Seite 67

Portal Turístico, Ponte Colombo Salles, ☎ 244-5822, Mo–Fr 8–18, Dez.–März: tgl. 7–22, Sa, So 9–18 Uhr.
H R **Diplomata,** Av. Paulo Fontes 800, ☎ (0482) 23-4455, FAX 22-7082. $$

Camboriú (25 000 Einw.), früher bescheidener Badeort mit Holzhäuschen, schwang sich mit seiner sanft geschwungenen Bucht zu den meistbesuchten – und entsprechend lauten – Urlaubsstädten Brasiliens auf. Reiches Bettenangebot, attraktives Nachtleben und die Strände Gaopaba, Laguna und Morro dos Conventos versüßen vor allem jungem Publikum den Aufenthalt. Gerade von Dezember bis März teilt man sich die Strände mit Tausenden Brasilianern und Argentiniern.

Av. do Estado 5041, ☎ 67-2971; gute Informationen über die Vielzahl der Hotels und Pensionen.

*** Blumenau** (250 000 Einw.) ist ein Hort brasilianischer Gastlichkeit urdeutscher Prägung. Der Arzt Dr. Hermann Blumenau gründete die mittlerweile reiche Textilstadt 1850 mit armen Bauernfamilien aus dem Hunsrück. Auf Flößen hatten sie sich von der Atlantikküste aus 50 km den Rio Itajaí flußaufwärts gekämpft. Das Erbe deutscher Heimat lebt weiter in Fachwerkhäusern, Trachten, Chören, Gaststätten und sogar einem Biergarten mit bayerischer Volksmusik. Gesprochen wird fast überall Deutsch.

R. 15 de Novembro 420, ☎ 1516, 9–21 Uhr.
Bustransfers: **Executivo,** R. Nereu Ramos 98, ☎ (0473) 22-9129.
H **Plaza Hering,** R. 7 de Setembro 818, ☎ (0473) 26-1277, FAX 22-9409. Beste Unterkunft mitten in der Stadt. $$
Himmelblau Palace, R. 7 de Setembro 1415, ☎ FAX (0473) 26-5800. Deutsche Bar, tgl. ab 17.30 Uhr. $$
Glória, R. 7 de Setembro 954, ☎ (0473) 26-1988, FAX 26-5370. Bester Kaffee der Stadt im angeschlossenen Café. $
R **Frohsinn,** Morro do Aipim, ☎ 22-2137. Bei der Rua Itajaí Nr. 598 in Erdstraße einbiegen. Schlachtplatte und Eisbein hoch über den Dächern von Blumenau. $
Tiefensee, R. Amazonas 2322, ☎ 24-0807. Churrascaria mit freundlich-persönlichem Service. $

Pomerode (19 000 Einw.), 32 km nördl. Blumenau, nennt sich „a cidade mais

Oktoberfest auf brasilianisch

Jeden Oktober steigt seit 1984 in Blumenau das größte deutsche Fest in Brasilien. Zweieinhalb Wochen lang scheppert deutsche Volksmusik durch die girlandenbehängten Betonhallen des Festgeländes an der Rua Alberto Stein, und eine Oktoberfest-Königin begleitet die Trachtenumzüge. Als Attraktion treten jeden Abend aus Deutschland eingeflogene Blasmusikgruppen auf. Brasilianische Vorgruppen in bayerischer Tracht spielen die Volksmusik gerne einige Takte schneller als in München. Das *chopp* genannte Bier der großen Brauereien „Brahma" und „Antártica" fließt reichlich: In Spitzenjahren schlucken 1 Million Besucher rund 785 000 Liter Gerstensaft. Unter der Last von frischem Eisbein und Kassler auf Sauerkraut biegen sich die Tische für Gäste aus ganz Südamerika.

alemão do Brasil", die deutscheste Stadt Brasiliens. Wo Schroeder, Müller und Schuster seitenweise das Telefonbuch füllen und sonntags deutsche Volksmusik aus den Holzhäusern hallt, bestimmen blonde und hellhäutige Brasilianer das Straßenbild.

Ⓡ **Pommernhaus,** Rua Pres. Costa e Silva 708, ☎ 87-1281. Deftig-deutsche Küche. $

Dünen umrahmen die Buchten bei Florianópolis

Seite 67

Porto Alegre (1,3 Mio. Einw.) am Nordende der fast 300 km langen *Lagoa dos Patos* („Entenlagune") heißt „fröhlicher Hafen". Die Hauptstadt des Staates Rio Grande do Sul ist ein modernes Industriezentrum mit großer Hafenlanlage. Ringsum jedoch dehnen sich weite landwirtschaftliche Gebiete aus, die man per Auto oder Bus erkunden kann.

Weinberge bestimmen die Region um **Caxias do Sul** (131 km). Italienischstämmige Winzer liefern immerhin 90 % der Weinproduktion Brasiliens. Im Februar/März wird das *Traubenfest* gefeiert. Auf dem Rückweg lohnt sich ein Abstecher in die Städtchen **Gramado** und **Canela** (36 bzw. 51 km von der BR 116). Brasilianer lieben die Kühle der waldreichen schroffen Gebirgslandschaft mit den kleinen Flüssen und Wasserfällen und kehren gerne in den Cafés und europäisch angehauchten Gaststätten ein, z. B. im Ⓡ **Gasthof Edelweiß** ($$) in Gramado.

Von deutschen Einwanderern geprägt: die Stadt Blumenau mit ihren Fachwerkhäusern

ℹ Casa de Cultura M. Quintana, Rua dos Andradas 736, P. Alegre, 🕒 Di–Fr 9–18, Sa, So 12–18 Uhr, ☎ 221-7147.
Bootstour auf dem Rio Guaíba, Portão Central do Porto, ☎ 227-5500, Mo–Fr 15, Sa, So, Fei 15, 16.30, 18, Fr, Sa 20.30 Uhr.
Ⓗ **Everest Palace,** R. Duque de Caxias 1357, Centro, ☎ (051) 228-3133, FAX 228-4792. Einige Blocks vom Mercado Público am Hafen. $$
Açores, R. dos Andradas 885, ☎ 221-7588, FAX 225-1007. Zwei Blocks von den Rio-Guaíba-Kais. $$

In der südlichen Weinregion läßt Italien grüßen

Der Nordosten

Sonne, Strände und Sertão

Seite 73

** Fortaleza · Juazeiro d. N. · Teresina São Luís · * Recife · *** Olinda

Entlang der schönsten Strände reihen sich Badeorte und Städte früher Kolonialisation: das barocke Schmuckstück Olinda, Fortaleza, die Prinzessin der einsamen Strände, und das musikalische Salvador (s. S. 44). Zuckerrohr-Monokulturen und Kakaoplantagen prägen die Übergangszone zum dürregeplagten Landesinneren. In der sengenden Hitze des legendären Sertão fristen nur noch magere Sträucher und Kakteen ein hartes Dasein. Berittene, in Leder gekleidete Viehhirten hüten genügsame Rinder. Aber eine Lebensader durchzieht den Nordosten: der 3000 km lange Rio São Francisco. Auf ihm verkehren gemächlich wie eh und je Schiffe mit geisterabwehrenden Galionsfiguren.

Seit der Kolonialzeit sind Versuche, den trockenen Nordosten zu besiedeln, immer wieder im Sand verlaufen. Dennoch blieben viele Siedler, von der Staatsverwaltung betrogen, in Isolation und Armut zurück. Die seit der Kolonialzeit bestehenden Besitzstrukturen überlebten bis heute. Großgrundbesitzer betreiben extensive Viehzucht oder lassen ihren Grund brach liegen, landlose Bauern kämpfen ums Überleben und ziehen in Dürrezeiten wie Nomaden umher. Eine Agrarreform wurde bisher verhindert. Auch architektonisch überdauerte im Nordosten das Alte: Neben modernen Zuckerfabriken existieren Zuckersiedereien *(engenhos de açúcar)* wie aus dem letzten Jahrhundert, bestehend aus Herrenhaus *(casa grande)*, Sklavenhütte *(senzala)* und Kapelle, wenngleich einzelne Gebäude heute anders genutzt werden.

Ceará – Farbenspiel der Strände

Sonnigster Bundesstaat des Nordostens ist Ceará mit 2800 Sonnenstunden im Jahr bei durchschnittlichen 27 °C Lufttemperatur. Die ruhige 2-Millionen-Hauptstadt **** Fortaleza** hat sich von der einstigen Festung zum graziösen Tourismuspol entwickelt. Auf schläfrige Tage am Strand folgen hellwache Nächte in der Stadt. An der Praia de Iracema hat die ehemals kleine Hafenstadt (Anfang des 20. Jhs. 50 000 Einw.) ihren ursprünglichen Charme bewahrt. Pflasterstraßen glänzen vor den Kneipen in der feuchtwarmen Meeresluft. Die Landungsbrücke Ponte dos Ingleses wurde zur Promenade umgebaut.

Der an Jugendstilelementen reiche Metallbau des *Teatro José de Alencar* an der gleichnamigen Praça trägt den Namen des bekannten Dichters und ehemaligen Justizministers (1829–1877). Dieser verewigte in einer Romanze den weißen Krieger Martim Soares Moreno, der 1612 mit dem Forte São Sebastião den Grundstein für die Stadt legte. Daß er den Reizen der schönen Häuptlingstochter Iracema verfiel, wurde der Indianerin zum Verhängnis. Ausgestoßen von ihrem Stamm, starb sie im Urwald – mit ihrem Sohn Moacir in den Armen. Eine Figurengruppe an der *Beira Mar* (Uferpromenade) gedenkt der tragischen Geschichte, die die Entstehung der Bevölkerung aus Entdeckern und Ureinwohnern versinnbildlicht.

Das ganze Jahr füllt elektrisierende Lebenslust die Strandpromendade im Stadtteil *Aldeota*. Massen junger Menschen versammeln sich am zentralen Abschnitt *Volta da Jurema* zu Sport, sinnlichem Flirt und genußvollem Verweilen im warmen Passatwind. An der *Praia do Mucuripe* landen *jangadas,* die segelbesetzten Holzflöße des Nordostens, Körbe voller Fische an, die auf der Straßenseite gegenüber in den offenen Lokalen, Klubs und Restaurants frisch auf den Tisch kommen.

Der allabendliche *Markt* an der Praia de Meireles spiegelt in seinem Warenangebot das einfache Leben auf dem Land wider. Mit größter Sorgfalt und viel Zeit entsteht aus dem Wenigen, was die karge Erde bietet, schlichtes Kunsthandwerk: aus Baumwolle (Ceará ist größter Produzent Brasiliens) handgewebte Hängematten *(rede)* und Klöppelarbeiten *(rendas)* der Fischerfrauen. Geschickt zu Bildern in Fläschchen eingefüllter farbiger Sand zeigt körnchenweise Szenen des Alltags. Der *Mercado Central* (Gen. Bezerril 14) versorgt die Einheimischen mit Heilpflanzen, Handarbeiten und Hirtenzubehör, z. B. Stiefeln, Sätteln und Zaumzeug.

Seite 73

ℹ **Centro de Turismo,** Rua Senador Pompeu 350, Zentrum, ☎ (085) 1516.

✈ **Aeroporto Pinto Martins,** ☎ 227-6166; Transbrasil ab/bis Wien.
🚌 **Terminal Rodoviária João Thomé,** Av. Borges de Melo 1630, Fatima.

Ⓗ **Caesar Park,** Av. Beira Mar 3980, ☎ (085) 263-1133, FAX 263-1444. Bestes Hotel mit zwei Restaurants. $$
Marina Park Hotel, Pres. Castelo Branco 400, ☎ 252-5253, FAX 253-1803. Das einzige Luxushotel mit Jachthafen zwischen Rio und der Karibik. $$
Praia Centro, Av. Mons. Tabosa 740, Iracema, ☎ FAX 211-1122. Der Aufzugknopf „CO" *(Cobertura)* führt zu Frühstücksraum und Dachterrasse mit herrlichem Meerblick. $
Magna Praia Hotel, Av. Hist. Raimundo Girão 1002, Praia do Ideal, ☎ 244-9311, FAX 244-9311. Wellenrauschen inklusive, Strandgeschehen vor der Tür. $

Ⓡ **Sandra's Restaurant,** Engenheiro Luis Vieira 555, Praia do Futuro, ☎ 234-6555. Himmlisch in Service, Speisekarte und Spitzenlage. $$

In allen Brauntönen leuchtet die Steilküste bei Morro Branco

Geruhsam wie eh und je: Schiffsverkehr auf dem Rio São Francisco

Peixada do Meio, Av. Beira Mar 4632, ☎ 263-1799. Ein Muß für jeden, der gut essen will. ($)

Nachtleben: **late Clube,** Av. da Abolição 4813, ☎ 263-2293/1744. Täglich Show *„Raizes Brasileiras"*.
Pirata, R. dos Tabajaras 325, Praia de Iracema, ☎ 231-4030. Mo der wildeste *forró* (s. S. 18) unter freiem Himmel.
Oásis, Av. Santos Dumont 6061, Papicú, ☎ 234-4970. Dienstags Show bis zum Geht-nicht-mehr.
Clube do Vaqueiro, Anel Viário, 15 km außerhalb an der BR 116, ☎ 229-2799. Mi Rodeo und *forró*.
Subindo ao Céu, Zezé 5461, Praia do Futuro, ☎ 234-3802. Show (Di, Do) und *carangeijos* unter Palmendach.

Seite 73

Ausflüge von Fortaleza: Mit strandgängigen Buggys (Verleih an der Av. da Abolição) oder den Bussen der Reiseagenturen kommt man den über 500 Kilometern glitzernder **Strände** mit ihren Dünen und Palmenwäldern schnell auf die Spur. Am östlichen Stadtrand von Fortaleza beginnt die 8 km lange *Praia do Futuro*, eine endlose Kette von Stühlen, Tischen, Sonnensegeln und Imbißbuden. An der einsamen *Praia de Porto das Dunas* (29 km) liegt der faszinierende ***Beach Park.** Wer aufrecht unter der 1-Meter-Meßlatte durchkommt, bezahlt im größten Aquapark Südamerikas mit Rutschbahnen, Spielbecken und Wasserbars keinen Eintritt. Vor den Eingangstoren wartet das Spielzeug für die Großen: Buggys, Vierradmotorräder, Pferde ...

Einige Kilometer im Landesinneren dringt die asphaltierte CE 004 durch Cashew-Wälder und passiert Dörfer mit einfachen Lehmhäusern. In der Ferne ragen die Bergketten der Serra do Baturité und der Serra do Maranguape aus der Ebene. In *Beberibe* (78 km) zweigt eine kleine Stichstraße zu der in ihrem Farbenspiel einzigartigen Steilküste von **Morro Branco** (4 km) ab. Kleine Jungen bieten sich als Führer durch die bizarren Schluchten an, aus denen Süßwasserfälle bunten Sand spülen.

(H) **Praia das Fontes,** 6 km nach Beberibe, ☎ (085) 338-1179, (FAX) 338-1269. Resort mit 92 Chalets, Park und Süßwasserlagune. ($)

Wälder aus *Carnaúba*-Palmen markieren den Rio Jaguaribe. Als dünnes Rinnsal mäandriert er die meiste Zeit des Jahres durch das breite sandige Flußbett. Wie leergefegt scheinen am Ostufer die im Schachbrettmuster verlaufenden Straßen des Städtchens **Aracati** (142 km), das im Kern noch einige historische Bauten besitzt.

(R) **Raimundo do Caranguejo,** R. Wilton Gondim Bandeira 505, ☎ 421-1555. Einfach und sehr herzlich. ($)

Rot glitzert die Küste bei ***Canoa Quebrada,** 13 km von Aracati. Hippies „erschlossen" den Ort zwischen den Sanddünen am Meer zunächst durch einen Fußpfad, später wurde daraus eine Piste. Als 1991 Strom und Wasser kamen, war der Aufschwung nicht zu bremsen. Die Aussteiger eröffneten entlang der sandigen Hauptstraße rustikale Musikkneipen und romantische Hängematten-Pensionen. Heute fallen die Hippies im Gedrängel nur noch als Verkäufer von Kettchen und Armbändern auf. Während der Ort tagsüber ausgestorben scheint, tobt das Leben vor den roten Sanddünen an der *praia*. Wo sich eine Strandbude an die andere reiht, gehören köstliche Krebse zum Standardmenü. Wer bestellt, darf auch die kneipeneigene Süßwasserdusche benutzen – Wasser ist nach wie vor knapp. Das unübertroffene strandnahe Nachtleben von Canoa Quebrada lockt heute Besucher aus ganz Brasilien an.

An der Küste westlich von Fortaleza erstrecken sich unzählige endlose und einsame Strandstrände. Vorwiegend Einheimische genießen die entspannte Atmosphäre am Meer bei **Cumbuco** (35 km), wo man auch in der Lagoa do Banana in Süßwasser schwimmen kann, sowie in **Paracuru** (106 km).

Rund 6 Std. dauert die abenteuerliche Tour nach ****Jericoacoara** (317 km).

Die letzten Kilometer Sandpiste zu dem abgelegenen Fischerdorf bewältigen nur geländegängige Fahrzeuge. Dennoch hat sich der Ort mit einer Vielzahl *pousadas* auf den Badetourismus eingestellt. Anheimelnd wirken vor allem abends die kerzenbeleuchteten Kneipen entlang der sandigen Wege durch das Dorf hinter den 50 m hohen Dünen.

Seite 73

Juazeiro do Norte (180 000 Einw.), 528 km von Fortaleza im fruchtbaren und sehr heißen Cariri-Tal gelegen, ist ein bedeutender Wallfahrtsort. Am 24. März, dem Geburtstag von Padre Cícero, der hier lebte und wirkte, sowie am 1./2. November ziehen Pilger aus dem Nordosten durch die Straßen und zum *Logradouro do Horto* (5 km) mit seinem Kreuzweg. Auf der Anhöhe (herrliche Aussicht) steht die 27 m hohe Statue des Paters. Sein letzter Wohnsitz ist *Museu Cívico Religioso* (R. S. José), religiöse Gegenstände und Votivgaben der Wallfahrer zeigt das *Museu Memorial Padre Cícero* (Pça. do Socorro).

Nach Piauí und Maranhão

Ein Stopp in **Teresina** (600 000 Einw.), der Hauptstadt von Piauí, läßt sich nicht umgehen, will man die anstrengende Zweitagesreise per Pkw von Fortaleza aus zum Nationalpark Sete Cidades vermeiden und fliegen. Für eine Autofahrt durch die flachwellige Landschaft spricht der Abstecher von der BR 222 in die Serra da Ibiapaba zum ***Nationalpark Ubajara** (563 ha). In dem auf einer Hochebene in 847 m gelegenen Städtchen *Ubajara* (348 km) beginnt eine schattiger, aber steiniger Pfad (3 km) durch das Waldreservat zu einer Höhle (Führung; ☎ 634-1219). Dabei steigt man rund 500 m hinunter, kann sich die Füße in kühlen Bächen erfrischen – und für den Rückweg wartet eine Seilbahngondel. – Ⓗ **Pousada da Neblinha,** Estrada do Teleférico, ☎ (085) 634-1270. Sehr einfach. $

Nahe an der BR 222 bei Piripiri (180 km vor Teresina) liegt der 6221 ha große ***Nationalpark Sete Cidades** (7–16 Uhr). Wie ein Bildhauer meißelte die Natur hier aus 190 Mio. Jahre altem Sandstein phantastische Gebilde, die Ruinen alter Städte gleichen.

Ⓗ **Fazenda Sete Cidades,** im Nationalpark, ☎ (086) 276-2222. $

Das Erlebnis eines Flußdeltas verspricht der Ausflug von Piripiri aus zur Küste nach **Parnaíba** (185 km). Boote schippern durch die Mangroven- und Galeriewälder der Mündungsarme des Rio Parnaíba sowie zur *Lagoa do Portinho* (14 km), die einem den Salzfilm wieder von der Haut wäscht.

Mehrere Stunden Busfahrt oder ein bequemer Flug verbinden Teresina mit **São Luís** (700 000 Einw.), der Hauptstadt von *Maranhão* (wörtl. „reißender Strom"). Franzosen gründeten sie 1612 auf der Insel zwischen den Buchten São José und São Marcos. Auf den Fundamenten der Festung Saint Louis steht der Gouverneurspalast *Palácio dos Leões* (Av. Dom Pedro II; Mo, Mi, Fr 15–18 Uhr). In seiner Stilmischung sticht er in dem sonst geschlossenen Bild der Altstadt mit den engen Gassen und zweistöckigen gekachelten Wohnhäusern heraus. Das *Museu do Folclore* (Centro de Cultura Popular, Rua 28 de Julho 221) zeigt u. a. zierliche, bunte Tonfiguren, die ländliche Alltagsbegebenheiten darstellen. Beim ehemaligen Sklavenmarkt Cafua das Mercês gibt das kleine *Museu do Negro* (R. Jacinto Maia 43; Di–Sa 13.30–18, So 14 bis 17.30 Uhr) Zeugnis der harten Lebensumstände der Eingeschleppten.

Auf der Westseite der Bucht São Marco residierte ehemals der Landadel in den Stadtvillen von **Alcântara,** dessen Besuch sich schön mit einem Badeausflug verbinden läßt (Schiff 7 und 9.30 Uhr ab Terminal Hidroviário).

i Pça. João Lisboa, Mo–Fr 8–18 Uhr.

✈ Av. Santos Dumont, Tirirical, 15 km, ☎ 245-1515.

Bus: Av. dos Franceses, Sto. Antônio, 12 km, ☎ 223-0743.

Ⓗ **Sofitel Quadro Rodas,** Av. Avicência, Praia do Calhau, ☎ (098) 235-4545, Fax 235-4921. Resort mit Strand. $$

Ⓡ **A Varanda,** Rua Genésio Rego 185, Monte Catelo, ☎ 222-0796. Regionale Küche; So geschl. $

Feste: Im Juni öffentliche Proben und Auftritte der Folkloregruppen zu *Bumba-meu-boi* mit Höhepunkt 24. Juni.

* Recife – Brückenkopf zu Europa

1630 – hundert Jahre nach der Besiedelung des Küstengebietes durch die Portugiesen – empfanden die holländischen Eroberer beim Anblick des Labyrinths aus Sümpfen und Inseln heimatliche Gefühle. Sie entwässerten das Gebiet mit Kanälen. Drei Hauptinseln, verbunden durch fast 40 Brücken über die Flüsse Capibaribe und Beberibe, bestimmen heute das Bild des „tropischen Venedig". Vor der Küste, parallel zu den vielbesuchten Stadtstränden *Boa Viagem* und *Praia do Pina*, verlaufen von Muscheln und Korallen geformte Riffe (portug.: *recife*). In Pernambucos Hauptstadt (1,3 Mio.) ist der *frêvo* zu

Stachelige Caatinga-Vegetation

Seite 73

Der Sertão – Bühne für Helden und Heilige

Ein Handschlag gilt im Nordosten noch etwas, und Neues erregt Aufmerksamkeit in der rückständigen und verschlossenen Welt. Schon immer atmet der *Sertão* die Luft vergangener Jahrhunderte. Eine archaische Gesellschaft sanftmütiger Menschen, denen Bildung vorenthalten wurde und die unter ständiger Ungerechtigkeit zu leiden hatten, bildet den Hintergrund, vor dem mythisch überhöhte Figuren auf die nationale Bühne traten und mit Religion, Revolution und Rhythmus gegen das Unrecht ankämpften.

Padre Cícero Romão Batista (1844 bis 1934) pilgerte mit geflickter Soutane, Strohhut und Stock von Dorf zu Dorf, um den einfachen Bauern das Evangelium zu predigen. Unermüdlich setzte sich der Priester für das Wohl der notleidenden Massen ein – wobei ihn erfolgreiche Wunderheilungen unterstützten. Suspendiert von der Kirche, predigte er vor seiner Haustür weiter und wurde schließlich erster Bürgermeister des zur geistlichen Hauptstadt erblühten Juazeiro do Norte. Als Symbolfigur des religiösen Volksglaubens wird Padre Cícero über seinen Tod hinaus als Heiliger verehrt.

Den Banditen **Lampião,** geboren als Virgulino Ferreira da Silva (1897 bis 1938), würdigen zahllose Gedichte, Lieder und Biographien als eine Art Robin Hood, Symbol des Widerstandes gegen die Obrigkeit. Mit bis zu 120 perfekt organisierten *cangaceiros* (Banditen) und seiner schönen Gefährtin Maria Bonita plünderte und mordete er unter den Reichen. Sein diplomatisches Geschick, die Vorliebe für moderne Waffen und seine Tapferkeit machten ihn zum Hoffnungsträger der armen Bevölkerung.

Der Sänger **Luiz Gonzaga do Nascimento** (1912–1989) wurde bei seiner Beerdigung in Recife von Tausenden Trauernden begleitet. Geboren in Exu in einer kleinen Lehmhütte, 700 km im Landesinneren, war er sein Leben lang in ganz Brasilien unterwegs und machte als „König des *baião*" den Volkstanz überall populär. Mit unverwechselbarer Stimme, begleitet von seiner Ziehharmonika, sang er Lieder vom Leben der einfachen Leute wie „Der Viehtreiber", „Die weiße Taube kehrt zurück" oder „Der Wochenmarkt von Caruaru", die ihn ihn zum Idol und Sprachrohr der Bauern und Landarbeiter machten.

Hause, ein schneller, aufheizender Karnevalsrhythmus, gespielt mit Ziehharmonika, Triangel und Trommel.

Für die historischen Sehenswürdigkeiten der Inselstadtteile Santo Antônio und São José genügt ein Tag zu Fuß. Ein wirkliches Schmuckstück auf Santo Antônio ist die **Capela Dourada** (1697). Ihre unauffällige Fassade verbirgt einen prächtig mit Blattgold belegten Innenraum. Die Kapelle gehört zum barocken **Convento do Santo Antônio** (17. Jh.; R. Imperador 206), dessen Kirche Azulejobilder mit Szenen aus dem Leben des hl. Antonius schmücken. Einige Häuserblocks weiter steht an der Praça da Independência das alte Gebäude des „Diário de Pernambuco", der ältesten Zeitung Lateinamerikas.

Seite 73

In das barocke Bild der Stadt fügen sich perfekt **Basílica e Convento Nossa Senhora do Carmo** (1663; Av. Dantas Barreto 646). Die Engelsgruppe (1919) am Hauptaltar stammt von dem Münchner Heinrich Moser. Unweit der Kirche verdichtet sich das geschäftige Treiben der Avenida Dantas Barreto am neuen **Mercado do Camelódromo.** In den Gebäuden auf dem Mittelstreifen der Straße verkaufen ehemals ambulante Händler ihre Waren.

Auf dem **Pátio de São Pedro** wird fast jede Nacht der Folkloretanz *ciranda* aufgeführt. Gruppen von 10 bis 20 Personen halten sich dabei an den Händen und drehen sich zu flotten Rhythmen im Kreis. Die feinverzierte Eisenkonstruktion des **Mercado de São José** baute der französische Ingenieur Louis Leger Vauthier. Das Geschrei der Händler setzt sich fort bis in die Geschäftsstraße Rua das Calçadas, an deren Ende früher die Straßenbahn durch einen Torbogen zum **Forte Cinco Pontas** fuhr. Nach dem Wiederaufbau durch die Portugiesen hatte es nur noch vier, statt wie früher fünf Ecken *(cinco pontas)*.

Hinter den Festungsmauern hängen im **Stadtmuseum** interessante alte Landkarten und Fotos von „Mauritiópolis", dem Recife zur Zeit der Holländer.

Kein Kunsthandwerksmarkt im Nordosten bietet ein reichhaltigeres Sortiment – ob hübsch bestickte Tischwäsche oder bunte Kleidung, lustige Tonfiguren oder rustikale Lederwaren – als die außergewöhnliche **** Casa da Cultura de Pernambuco** (Rua Floriano Peixoto). Von Zelle zu Zelle spaziert man hier auf drei Stockwerken in einem ehemaligen Gefängnis.

Das **** Museu do Homen do Nordeste** (Avenida 17 de Agosto 2187; ⏲ Mo–Fr 11–17 Uhr) erfordert eine Taxitour in den Stadtteil Casa Forte, ist allerdings ein absolutes Muß, um das Wesen der Kultur des Nordostens zu begreifen. Sammlungen brasilianischer Volkskunst, z. B. die bekannten Tonfigürchen des Mestre Vitalino (s. S. 21), Werke der *Literatura de Cordel* (s. S. 21), Instrumente afrobrasilianischer Kulte sowie Demonstrationen zu Zuckerherstellung und Sklavenzeit geben tiefen Einblick in das Leben der Nordestinos, die trotz härtester Umstände enorme schöpferische Kraft entwickelten.

In die Außenbezirke führt (am besten mit einem Taxi) der Besuch des **Museu Francisco Brennand** (Avenida Caxangá, Várzea, ☎ 271-2466; ⏲ Mo–Fr 8–17 Uhr). Manchmal zeigt der Künstler selbst den Kunstinteressierten seine weitläufige Ausstellung surrealistischer Keramikarbeiten. Sie ist zusammen mit dem Atelier Teil der Keramikfabrik, die Brennand das finanzielle Polster für sein künstlerisches Schaffen gibt.

ⓘ **Centro de Informações,** Rua Pe. Carapuceiro 777, Boa Viagem, ☎ 325-0533; am Flughafen 8–22 Uhr.
✈ **Aeroporto dos Guararapes,** 10 km, ☎ 341-1888/3497.
🚌 **TIP** (Terminal Integrado de Passageiros), Curado, 15 km.

Ⓗ **Sheraton Petribu,** Av. Vieira de Melo 1624, Jaboatão, ☎ (081) 361-4511, FAX 361-4680. Jeder erdenkliche Komfort inklusive Strand von Piedade. ($))
Recife Monte Hotel, R. dos Navegantes 363, ☎ 326-7422, FAX 326-2903. Ein Block hinter Av. Boa Viagem. ($))

Hotel do Sol, Av. Boa Viagem 978, Praia de Pina, ☎ 326-7644, Fax 326-7166. Eine Straßenbreite vom Strand. $

(R) **Recife Antigo**, Pça. da Com. Luso Brasileira, Forte do Brum, ☎ 224-1781. Klimatisierte Räume in soldatenbewachter Festung. $$
Bargaço, Av. Boa Viagem 670, Pina, ☎ 465-1847. Gerichte aus Bahia brodeln in Tonschüsseln. $
Frutos & Folhas, Av. Cons. Aguiar 2756, Boa Viagem, ☎ 465-3410. Salat in rauhen Mengen. $

Ausflüge von Recife

Caruaru (134 km westl., Bus) steht für Ton und Tönernes schlechthin, und sein Kunsthandwerksmarkt wird bei Schüsseln, Töpfen und Skulpturen von keinem anderen des Nordostens übertroffen. Im nahen Dorf *** Alto do Moura** lassen sich die Keramiker, die ihre Arbeiten auf den Markt liefern, über die Schulter schauen.

Porto de Galinhas (64 km südl.) ist ein eher ruhiges Ferienparadies familiären Charakters mit glasklarem Meer und Palmenhainen. Als Abwechslung zum Strandleben bietet sich ein Ausflug nach *Maracaípe* an, wo im 16. Jh. das rote Holz *(pau brasil)*, das Brasilien seinen Namen gab, verschifft wurde.
(H) **Pontal de Ocaporã**, Praia do Cupe, ☎ (081) 552-1400. Bungalows mit Sportangebot. $$

Fernando de Noronha (1,5 Std. Flug) gehört zu einer Gruppe von 21 geschützten Inseln vulkanischen Ursprungs – der ideale Ort für Einsamkeit suchende Naturgenießer und Taucher.
ⓘ Aguas Claras, ☎ (081) 619-1225.

***** Olinda** (350 000 Einw.), 7 km nördlich von Recife. „O linda situação“ schwärmten die Portugiesen von der „wundervollen Lage“ palmenbestandener Hügel am Meer, als sie 1535 die

Convento N. S. do Carmo, Recife

Seite 73

Volksspiel Bumba-meu-boi

Bumba-meu-boi!

„Bewege dich, mein Ochse“ ließe sich annähernd der lautmalerische Name eines szenischen Festspiels in dem von der Viehzucht geprägten Nordosten übersetzen. Nur männliche Darsteller schlüpfen reich geschmückt in die Rollen von Menschen, Tieren und Göttern einer alten Legende über das wertvolle Tier: Geplagt von Essensgelüsten wollte eine Schwangere nichts anderes als die Zunge eines Ochsen. Ihr liebender Ehemann, wie sie Bediensteter auf einer Fazenda, erfüllte den Wunsch und tötete den Ochsen im Stall. Als der Gutsbesitzer auftaucht, ist das Drama groß: Er verlangt seinen Ochsen lebendig zurück. Alle Sklaven veranstalten einen großen Tanz und beschwören die Götter. Und siehe da: Der Ochse steht wiedererweckt auf.

Seite 73

Gegend erkundeten und schließlich eine Siedlung gründeten. Später stellten Zuckerbarone ihre Herrschaftshäuser in die erste Hauptstadt Pernambucos, christliche Orden bauten an den steilen Gassen ihre Klöster und Kirchen. Bunte Straßenfeste, allen voran der berühmte Karneval von Olinda, rauschen heute durch die geschmückten Straßen der ehrwürdigen Altstadt. Ihr Charme liegt weniger in einzelnen Sakral- oder Profanbauten, als in der Harmonie von Landschaft und prächtiger barocker Architektur.

Klein und überschaubar wie das Städtchen ist, genügt für einen Rundgang ein halber Tag. Von der Praça do Carmo die Rua de São Francisco hinauf, stößt man auf den frühbarocken *Convento de São Francisco* (1585) und die 1811 erbaute *Capela de São Roque*. Ihre Gestaltung ist ähnlich bescheiden wie die der *Igreja de Nossa Senhora da Graça* (1592, s. S. 19) auf dem Hügel des Seminário de Olinda. Über die wogenden Wipfel der Palmen hinweg öffnet sich hier ein wundervoller Blick über das Meer bis nach Recife.

Ganz oben auf der Kuppe weitet sich der Vorplatz der Igreja da Sé zum ** *Alto da Sé*. Tag und Nacht belebt, die Bars im Freien herrlich von der Brise durchlüftet, werden auf dem beliebten Platz Kunsthandwerk und frisch zubereitete Gerichte verkauft. Die *repentistas*, Bänkelsänger mit Gitarren, ziehen von Tisch zu Tisch. Ein Postkartenpanorama über die Küste hin zum benachbarten Recife bietet der Largo da Misericórdia, einen Steinwurf vom Alto da Sé entfernt.

Geht man nun steil bergab und geradewegs wieder bergan, kommt man zur Rua Bernardo Vieira de Melo, wo auf dem * *Mercado da Ribeira* täglich Kunsthandwerk feilgeboten wird.

ⓘ **Secretaria de Turismo,** R. do Sol 127, Carmo, ☎ 429-1039/1927, ◷ Mo–Fr 7.30–13.30 Uhr.

Ⓗ **Sofitel Quatro Rodas,** Av. J. A. Moreira 2200, Praia de Casa Caiada, ☎ (081) 431-2955, Fax 431-0670. Sehr großzügige Räume. ($$)

Amoaras, R. Garoupa 525, Praia do Pontal do Maria Farinha, ☎ 436-1331, Fax 435-1880. Resort für „Wassersport satt“ zwischen Mangroven und Meer. ($$)

Pousada dos Quatro Cantos, Av. Prudente de Moraes 441, ☎ 429-0220. Restaurierte Villa. ($)

Ⓡ **Oficina do Sabor,** R. do Amparo 335, ☎ 429-3331. Cesar Santos verwandelt in der offenen Küche typische Zutaten des Nordostens in traumhafte Gerichte. Mo geschl. ($$)

Badeausflüge von Recife

Natal (297 km), die Hauptstadt von Rio Grande do Norte, lädt einzig mit zahllosen Stränden hinter bis zu 100 m hohen Dünen ein. Moritz von Nassau regierte einst im 1628 fertiggestellten *Forte dos Reis Magos* (Praia do Forte). Die großen Renner sind Fahrten mit Buggys zum Palmenstrand ***Genipabu** (24 km nördlich).

Süß schmeckt das Wasser der Lagune bei **Maceió** (630 000 Einw.), der Hauptstadt von Alagoas („Lagunen“). Schiffbare Kanäle führen zwischen Meer und der Mundaú-Lagune hindurch. Hauptattraktionen der Gegend sind *Praia de Pajuçara* und *Praia da Prataji* (3 bzw. 17 km nördl.) sowie die überaus beliebte *Praia do Francês* (18 km südl.). Ein Abstecher zur alten Hauptstadt **Marechal Deodoro** (21 km südwestl.), vorbei am Manguaba-See, macht mit dem denkmalgeschützten Geburtsort des ersten Präsidenten Brasiliens und einem Franziskanerkloster (1723; schöner Blick vom Turm) bekannt.

Ausflüge in Bahia

Salvador (s. S. 44) ist idealer Ausgangspunkt für mehrtägige Touren entlang der schönen Küste von Bahia und in ihr regenarmes Hinterland. **Ilhéus** (462 km südl.) war früher blühende Kakaometropole, in deren historischer Altstadt heute das *Museu Regional do Cacau*

(Eustáqui Bastos 126) die kometenhafte Entwicklung der Region durch den Export der kostbaren braunen Bohnen lehrreich vor Augen führt. Im Oktober feiern die Bewohner ausgelassene Kakaofeste. Wilde Strände bieten unweit der Stadt Erholung in der Einsamkeit.

Seite 73

Ⓗ **Transamérica,** Ilha de Comandatuba, 79 km, ☎ (073) 212-1122. All-inclusive Insel-Sportresort. $$
Jardim Atlântico, Praia do Sul, 5 km, ☎ 231-4541, FAX 231-5790. Incl. Fahrradverleih alle Sportmöglichkeiten. $$
Pousada Timoneiro, Olivença, 9 km südl., Av. Mchal. Castelo Branco 204, ☎ 269-1153. Sauber, freundlich. $

Bei **Porto Seguro** (35 000 Einw.), 730 km südl., gingen die ersten Entdekker Brasiliens unter Cabral an Land. In **Santa Cruz de Cabrália** (25 km nördl. der Stadt) an der Mündung des Rio João de Tiba erinnert ein Kreuz an die erste Messe auf brasilianischem Boden. Heute finden dort eher die Strände und das große Angebot an *pousadas* und Hotels das Interesse der Besucher.

Auch **Arraial d'Ajuda** und **Trancoso** (5 bzw. 25 km südl. Porto Seguro) liegen mit ihrer tropischen Strandidylle voll im touristischen Aufschwung. Im **Nationalpark Monte Pascoal** (156 km) führt ein angenehmer Wanderweg durch den Küstenurwald hinauf auf den 536 m hohen „Osterberg".

Lençois (7600 Einw.), 425 km westlich Salvador, wo 1844 eine Diamantenader entdeckt wurde, gaben die „Baumaterialien" der Siedlerhütten, nämlich Leintücher (portug. *lençois*) seinen Namen. Im September und Januar findet die *Festa do Jaré* statt, deren Rituale den Candomblé (s. S. 52) leicht abwandeln. Im ** **Parque Nacional da Chapada Diamantina** führen Tageswanderungen zur Serra do Sincorá, zur Gruta do Lapão (größte Quarzithöhle Brasiliens) und zur Cachoeira da Fumaça (422 m hoher Wasserfall). Einen schönen Rundumblick über den intakten Bergwald bietet der Morro do Pai Inácio (30 km auf der BR 242 nach Seabra).

Olinda – Barockarchitektur in einer zauberhaften Landschaft

Fischen hat Konjunktur

Durch den Regenwald bei Ilheus

Der Mittelwesten

Savanne, Sumpfland und Moderne

Seite 83

**** Brasília · Goiás · Cuiabá**
**** Chapada dos Guimarães**
***** Pantanal · Campo Grande**

Das gewaltige Plateau des zentralen Hochlandes greift mit seinen großen Flußsystemen bis in die Ausläufer des Amazonasregenwaldes hinein. Auf riesigen Grasländern weiden die Rinder der Fazendas, während der Pantanal, das größte Feuchtgebiet der Erde, eines der letzten Refugien vieler Tier- und Pflanzenarten darstellt. In kaum vorstellbarer Zahl sammeln sich dort vor allem in der Trockenzeit große Stelzvögel oder spritzen die Wasserschweine durch den Sumpf. Vor dem Tourismus hatte der Run in den Westen mit Gründung der futuristischen Hauptstadt Brasília begonnen. Als „Land ohne Menschen für Menschen ohne Land" verkaufte Militärpräsident Emílio Garrastazu Médici in den 70er Jahren den wilden, unerschlossenen Mittelwesten an arme Siedler. Doch das Ziel der wirtschaftlichen Konsolidierung wurde nicht erreicht.

Um die Region kennenzulernen, empfiehlt es sich, für Brasília einen Tag mit Übernachtung und für den Pantanal wenigstens drei Tage einzuplanen. Bei weitgehend tropisch feuchter Hitze fällt der meiste Regen von Okt. bis April.

** Brasília – Verordnete Moderne

Für die Einweihung der neuen Landeshauptstadt im Jahr 1960 wurde ein Stadtgedanke der Moderne zu Beton und Asphalt: ein planmäßiger Vorstoß in das Landesinnere als Monument des brasilianischen Fortschritts. In die waldlose Ebene der weiten Savanne spannen sich in einem langen Bogen die regelmäßigen Quader der Wohn- und Einkaufsviertel. Wie Scheiben richten sich die Hochhäuser der Ministerien an der Querachse *Eixo Monumental* auf, die als eingespannter Pfeil in den symmetrischen Stausee Lagoa do Paranoá (40 km² Fläche) zielt.

Bereits 1891 verordnete die Verfassung der neuen Republik eine eigene Hauptstadt. Der Ort, 1000 km von der Küste entfernt, stand drei Jahre später fest, doch erst Präsident Kubitschek machte den Bau 1956 zum Regierungsprogramm. In nur 1000 Tagen bauten der Stadtplaner Lúcio Costa und der Architekt Oscar Niemeyer (s. S. 19) die total autogerechte „Stadtmaschine" im Sinne Le Corbusiers. Ungebremst rasen dort die Autos auf breiten kreuzungslosen Transportbändern mit enormen Grünstreifen, die die streng getrennten Funktionsräume miteinander verbinden: Wohnen in den Quartieren der *superquadras*, Arbeiten im Universitäts- und Regierungsbereich, Erholung in den Sportklubs am Seeufer und im Park Rogerio Rithon Farias.

Anders als in der unübersichtlichen Enge gewachsener und verwinkelter Kolonialstädte sollte in der Retortenstadt die Planung einheitliche Funktionsräume gewährleisten. Doch soziale Fehlentwicklungen ließen sich nicht vermeiden, und außerhalb des geplanten Stadtbereiches für ursprünglich 800 000 Menschen führen heute die ehemaligen Bauarbeitersiedlungen als Satellitenstädte ihr wucherndes Eigenleben. Was bleibt, ist ein Reigen moderner Architektur mit beschwingt modellierten Formen, für deren Besichtigung ein halber Tag im Auto reicht.

Am Ende des Eixo Monumental liegt an der *Praça dos Três Poderes* (nach den drei Gewalten der Verfassung) der **Nationalkongreß** mit seinen beiden Bürotürmen. Die flache Kuppel davor beherbergt die Sitzungssäle des Senats, in der flachen Schüssel daneben debattieren die Abgeordneten. Der Präsident

Seite 83

betritt jeden Dienstag um 9 Uhr in einem kleinen Staatsakt seinen Amtssitz im **Palácio do Planalto** (🕓 So 10.30–12.30 Uhr) und verläßt ihn freitags um 17 Uhr.

Im **Espaço Lúcio Costa** vermittelt ein 170 km² großes Modell einen Überblick zur geplanten Stadtstruktur von Brasília. Den Bauarbeitern *(candangos)* wurde hier bereits 1959 ein Denkmal von Bruno Giorgi gesetzt.

Der **Panteão da Liberdade** (Mo–Fr 9–17, Sa, So 11–17 Uhr), ein begehbares Monument in Form einer Taube, ist den Verfechtern der Demokratie gewidmet.

Brasília: Die Teilung der Gewalten in Beton gegossen

An der *Esplanada dos Ministerios* heben sich hervor: der **Palácio da Justiça** (Justizpalast; 🕓 Mo–Fr 12–18 Uhr) und der durch schlanke Betonbögen geprägte **Palácio do Itamarati** (Außenministerium; 🕓 Mo–Fr 16 Uhr, Anmeldung: ☎ 211-6640), benannt nach dem ehemaligen Ministeriumsgebäude der alten Hauptstadt Rio im Wohnhaus des Barons Itamarati.

Farbensymphonie im Inneren der Kathedrale von Brasília

In der **Catedral Metropolitana** wogt zwischen den aufstrebenden Betonträgern in Form einer Krone eine Symphonie farbiger Glasflächen von Marianne Peretti. Doch auch die Akustik des Raumes erstaunt, tritt man aus dem unterirdischen Eingang in die Rotunde: Ähnlich einer Flüstergalerie trägt die wie mit einem Zirkel gezogene Außenmauer alles Gesprochene weiter.

Am Ufer des Lago do Paranoá läßt sich nur aus der Ferne der bewachte **Palácio da Alvorada** („Palast der Morgenröte"; 🕓 Mo–Fr 15.30–17.30 Uhr) bewundern, der Wohnsitz des Präsidenten.

Hitzegeplagte Stadtbesucher finden 9 km nördlich in den Bächen und Naturfreibädern des ****Parque Nacional de Brasília** (☎ 233-4055; 🕓 8.30–16 Uhr) Abkühlung.

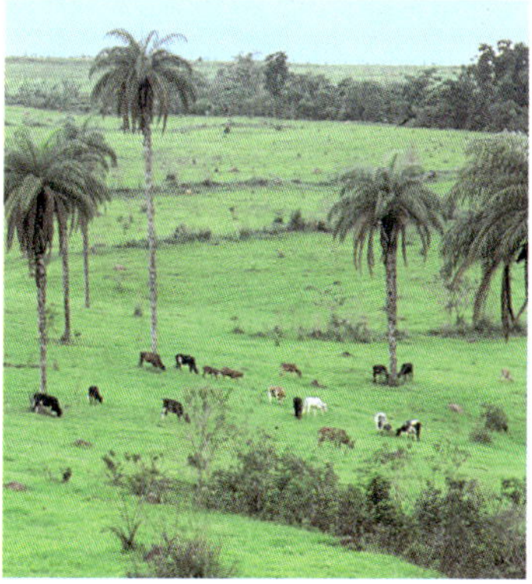

Weidelandschaft bei Cuiabá

Seite 83

Centro de Convenções, 380-1921, Mo–Fr 13–18 Uhr.
International, 12 km südl. des Zentrums, 365-1224/1941.
Pq. Ferroviário, Setor Noroeste, 233-7200, am Eixo Monumental.
San Marco, SHS, Quadra 5, Bloco C, 321-6688, 223-6552. Dachterrasse mit Pool. $$
Alvorado, SHS, Quadra 4, Bloco A, 225-3050, 225-3130. Schöner Blick auf den Eixo Monumental. $$
Florentino Grill, SCLS 402, Bloco C, Loja 15, 223-7577. Beliebt in Regierungskreisen, vollklimatisierte Klubatmosphäre. $$
Gof, Centro Comercial Gilberto Salomão, Bloco C, Lojas 16 e 24, 248-1754. Italiener mit Scotchbar seit 1974. $$
Francisco, Setor Comercial Local Sul (SCLS) 402, Bloco A, Loja 9, 224-1634. Appetitliche Salate aus riesigen Holzschüsseln. $

Ausflüge in Goiás

Große Teile des Bundesstaates Goiás mit seiner charakteristischen *Cerrado*-Landschaft (s. S. 10) werden land- und viehwirtschaftlich genutzt. Seit dem 16. Jh. zogen seine reichen Bodenschätze, darunter Gold und Edelsteine, Abenteurer aus dem armen Nordosten an, die die ansässigen Tupi-Indianer immer mehr zurückdrängten. **Goiânia** (930 000 Einw.) wurde erst 1933 als moderne Hauptstadt gegründet. Achsensymmetrisch mit Kreissegmenten geplant, gruppieren sich um einen zentralen Verwaltungsbezirk die Geschäfts-, Industrie- und Wohnsektoren.

Einen Besuch wert ist das im Kolonialstil erbaute **Goiás** (28 000 Einw.), 144 km von Goiânia. Doch nur von Zeit zu Zeit scheint die ehemalige Hauptstadt mit ihren barocken Kirchen und einladenden geruhsamen Straßencafés zu erwachen: Folklorefeste und Umzüge wie die *Festa Folia do Zé Pereira* (im Monat vor dem Karneval) lokken die Einwohner dann tagelang auf die geschmückten Straßen.

Aruanã (5000 Einw.), 318 km, ist von Juli bis September Ziel der Sportfischer (Überschwemmungen Okt.–Mai). Andererseits versprechen die Bootstouren (062/223-9264) auf dem *Araguaia* bis zur größten Flußinsel der Welt, der *Ilha de Bananal,* das Erlebnis einer unberührten amphibischen Landschaft.

Das Goiás ähnliche **Pirenópolis** (25 000 Einw.), 125 km nordöstl. von Goiânia, ist bekannt für inbrünstig gefeierte religiöse Feste, wie die Wallfahrt zur 18 km entfernten Serra dos Pirineus (1385 m) in der ersten Vollmondnacht im Juli. Wenige Kilometer außerhalb gibt das ökologische Reservat **Fazenda Vagafogo** (062/331-1338; Di–So 8–17 Uhr) Einblick in die sattgrüne Naturlandschaft.

Mato Grosso

In **Cuiabá** (400 000 Einw.), der Hauptstadt des Staates Mato Grosso, stimmt lautes Vogelgezwitscher bereits morgens die Hotelgäste auf den Tag im *** *Pantanal Norte* ein. *Bandeirantes* aus São Paulo, im „Wilden Westen" auf Sklavenjagd unterwegs, fanden 1718 am Rio Cuiabá Gold – *Prainha* („kleiner Strand") heißt dieser Fleck am Geschäftszentrum bei der Altstadt heute noch. Älteste Bauten sind die barocke Kirche *Nossa Senhora do Rosário* und die Kapelle *São Benedito* (1722). Westlich davon überragt die erst 1918 errichtete Kirche *Nossa Senhora do Bom Despacho* die Stadt mit ihrem stumpfen Turm. In die Zeit weit vor den Sklavenjägern führt das *Rondon-Indianermuseum* (Mo–Fr 7.30–11.30, 13.30–19, Sa 7–11 Uhr) mit Waffen und Werkzeugen der Urwaldbewohner.

FUNCETUR, Praça da República 131, 322-5363, Mo–Fr 8–18 Uhr.

Pantanal-Exkursionen: **Anaconda,** Rua Comandante Costa 649, 624-4142/5128, 624-6242.
Nationale Flüge vom Flughafen **Mal. Rondon,** Várzea Grande, 7 km, 381-2211.
Busbahnhof: Av. Jules Rimet.

Ⓗ **Best Western Mato Grosso Palace,** Rua Joaquim Murtinho 170, ☎ 322-9304, FAX 321-2386. Historische Fotos im Frühstücksraum. $$

Jaguar Palace Hotel, Av. Getúlio Vargas 600, ☎ 322-9044. Günstig zu den meisten Restaurants gelegen. $$

Lord Hotel, Av. Getúlio Vargas 1406, ☎ 321-4113. Einfach. $

Ⓡ **Zopapa,** Av. Isaac Póvoas 1157, ☎ 322-2079. Der deutschstämmige Wirt serviert Fisch u. Krustentiere. $$

Aldeia, Av. Isaac Póvoas 880, ☎ 323-2573. Angenehm luftige Terrasse. Abends auch Cocktailbar. $$

Choppão, Pça. Oito de Abril, ☎ 322-9101. Bier *(chopp)* vom Faß zu Riesenportionen. $$

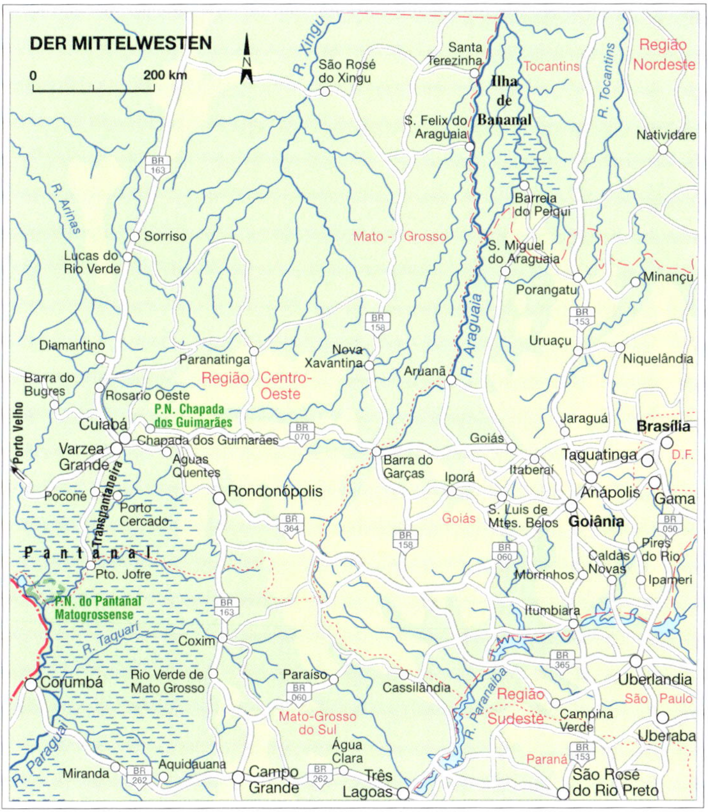

Seite 83

Ein Ausflug in die erdgeschichtliche Mystik des 33 000 ha großen **Nationalparks ** Chapada dos Guimarães** startet auf dem Asphalt der *Rodovia Emanoel Pinheiro.* Unbeirrt zieht die Straße geradeaus gen Norden – hügelauf und hügelab, bis die am Horizont bläulich schimmernde Felsformation langsam ihre Farbe ändert und rötlich über dem Grün der dichten Baumdecke aufleuchtet. Erster Stopp ist das Erholungsgebiet *Salgadeiro* (49 km), benannt nach seiner früheren Funktion als Einsalzplatz für Rindfleisch. Höher oben beim *Portão do Inferno* (52 km), wo Honig der Buriti-Palmen verkauft wird, führt die Straße am 50 m hohen Steilabbruch der Chapada entlang. Vom Cañon verschluckt kommt sich der Besucher beim Wasserfall *Véu da Noiva* (55 km) vor. Wie ein Brautschleier stäubt das Wasser in den Cañon hinein, der aus 86 m Tiefe mit Poltern antwortet. Papageien flattern an den senkrechten, rötlichen Felsen entlang, gelbe Blüten leuchten im dunkelgrünen Geäst auf.

Unerwartet lädt der nächste Wasserfall *Cachoeirinha* (56 km) mit strohgedecktem Restaurant und hellbraunem Sandstrand zum erfrischenden Bad unter den einige Meter herabstürzenden Wassermassen ein. Nach 67 km trifft man, 811 m über dem Meer, auf das koloniale Kirchlein Nossa Senhora de Santana (1779) im Ort **Chapada dos Guimarães** (13 000 Einw.). Hier endet der Asphalt. Ein Fernblick über die zerfalteten Hügel vor der Chapada bis nach Cuiabá ist der Lohn des wenige Kilometer langen Ritts über die Erdstraße zum Mirante (Aussichtspunkt; geodätischer Mittelpunkt Südamerikas.

Aguas Quentes, 86 km östl. von Cuiabá, ist ein Ort, um in Ruhe auszuspannen. Eingebettet in Babaçu-Palmenhaine und tropischen Bergwald liegt in einem kleinen Tal die Hotelanlage **Mato Grosso** (☏ 065/322-9304) mit gestaffelten Schwimmbecken voll heißen Quellwassers. Neben Sportanlagen verschaffen Wanderpfade entlang kleiner Bachläufe erholsame Bewegung.

*** Pantanal Norte

Die Reise in den nördlichen Pantanal beginnt in Cuiabá (s. S. 82) auf der Bundesstraße BR 070, die über Cáceres nach Porto Velho führt. 22 km hinter Cuiabá zweigt links die Landstraße MT 060 ab. Über flache Hügelwellen erstrecken sich neongrüne Weiden mit verwundenen Krüppelbäumen auf den armen Böden der *campos cerrados.*

In **Poconé** (30 000 Einw.), 78 km von der Abzweigung aus, versprechen große Lettern auf goldgelb gestrichenen Häusern *„Compra-se ouro“* („Kaufe Gold“), denn die rote Erde der Region wird heute noch, wie vor 200 Jahren, von Goldgräbern aufgewühlt. Eine unscheinbare Abzweigung führt zum 42 km entfernten **Porto Cercado** mit der *Pousada* gleichen Namens (☏ 065/682-1300, $) am Rio Cuiabá.

Knapp 10 km nach Poconé geht es über eine Kuppe hinweg. Hier versteht man, daß der ***** Pantanal** kein Sumpfgebiet ist, wie der Name sagt, sondern ein ausgetrocknetes vorzeitliches Binnenmeer, das sich in der Regenzeit ab Oktober langsam wie eine Wanne füllt. Schon lange vor der ersten Holzbrücke der *Transpantaneira,* der Hauptstraße des Pantanals, krächzen schrillbunte Arara-Papageien von Palmen herunter. Mit ihrem lehmroten Gefieder an das Rot der Erdstraße angepaßte Vögelchen namens *João de Barra* – „Johann vom Lehm“ – flattern über die Straße. Große storchenähnliche *biguás* und *biguatingas* sitzen, stolz die Köpfe aufgerichtet, im Geäst der Bäume. In den *baias,* den zeitweise austrocknenden kristallklaren Seen, lebt der hochbeinige weiße *jabirú* (im Volksmund: *tuiuiu*) mit bis zu 3 m Flügelspannweite, schwarzem Kopfgefieder und brauner Halskrause.

Sanft wechseln überschwemmte Flächen mit offenen Grasfluren, die der straußenähnliche Laufvogel *ema* weit schneller als jedes Auto durchquert. Hin und wieder harrt ein *jacaré* (Kaiman) erstarrt an Wasserlachen. Nach 65 km überspannt eine klobige Holzbrücke den Rio Pixaim. Auf den Bäumen der Galeriewälder sitzen meist in Paaren die Storchenvögel. Die kleineren *Martim-pescador* mit ihren langen Schnäbeln stürzen tollkühn herab, um Fische aus dem Süßwasser zu schnappen. Im Wasser tummeln sich Fischotter, und an den Ufern der Flußläufe lebt das Wasserschwein *(capivara)*, ein Nagetier so groß wie ein überdimensionales Riesenmeerschwein mit klobig stumpfer Schnauze, fasrigem Pelz und Murmeltierblick. Wenn die Nacht über den Pantanal hereinbricht, stimmen Froschkolonien und Vogelorchester ihre Konzerte an. Glühwürmchen schwirren durch das Gebüsch, und die stark dezimierten Jaguare und Pumas gehen auf Jagd.

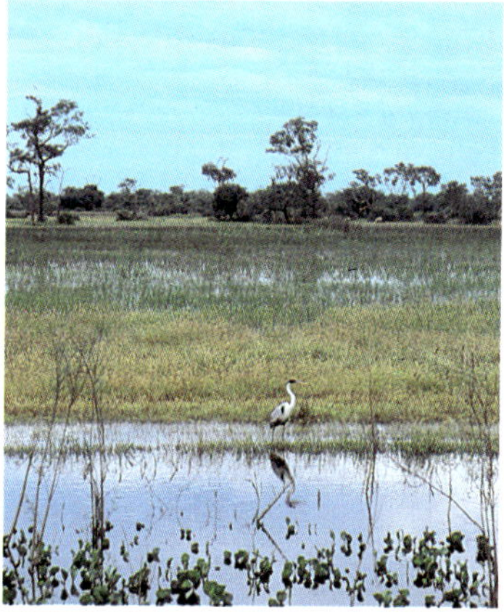

Vogelparadies Pantanal

Seite 83

*** Pantanal – Respekt vor der Natur

Erst *„Pantanal"*, die Telenovela mit Ökotouch des Fernsehkanals „Rede Manchete", führte 1990 vielen Brasilianern den Reichtum von Flora und Fauna einer gefährdeten Wildnis und einen der schönsten Naturräume ihres Landes vor Augen. 13 Jahre zuvor hatten die Militärs über Erddämme und wackelige Bretterbrücken die Transpantaneira 146 km tief ins Herz des größten zusammenhängenden Überschwemmungsgebietes der Welt gebohrt, ursprünglich geplant als Durchgangsstraße bis nach Corumbá, die die seit dem 18. Jh. auf Naturweiden großflächig betriebenen Rinderfarmen erschließen sollte.

Seit der Ökotourismus boomt, stellen findige Rinderfarmer an der Transpantaneira ihre Betriebe auf erlebnisorientierte Hotel-Fazendas um. Gleichzeitig bieten spezialisierte Agenturen Ausflüge zur Naturbeobachtung an. Hohe Erwartungen lasten auf dem vielerorts als Freizeitpark mißverstandenen Feuchtgebiet. Safaritouristen wollen in kurzer Zeit möglichst viele der rund 600 verschiedenen Vogelarten sehen.

Die beste Reisezeit für Tierbeobachtungen beginnt, wenn die Erdstraße nach der Regenzeit ab April wieder intakt ist. Die sonst über riesige Flächen verteilten Reiher-, Storchen- und Entenpopulationen drängen sich in den Trockenmonaten Juli und August an den Wasserresten, die in der Riesenpfanne verdunsten. Zum Durststreß kommt für die Tiere der Fluchtstreß, wenn Besuchergruppen in Jeeps, Motorbooten und zu Fuß durch die Landschaft brechen. Den Wassertieren setzen Sportfischer zu, Wilderer erlegen Brillenkaimane meist nur wegen der zarten Haut zwischen den Beinen. Die revolverbehängten Nationalparkwächter der staatlichen Umweltbehörde IBAMA filzen zwar alle Fahrzeuge beim Passieren des Holzportals an der Transpantaneira, wissen jedoch nicht, was über private Flugzeugpisten den Pantanal verläßt.

Besucher sollten sich vor Augen halten, daß sie eine bedrohte und empfindliche Naturlandschaft betreten. Mit Geduld und Einfühlung sehen wache Augen auch während der Regenzeit leicht mehr als 20 Tierarten an einem Tag.

Seite 83

ℹ Pantanal-Exkursionen s. S. 82.
Ⓗ an der Rodovia Transpantaneira:
Pousada Araras, km 32, ☎ (065) 381-5674 oder (021) 287-9697. Hotel-Fazenda, Pferdeausritte, Wandern. $
Beira Rio, km 65, ☎ FAX (065) 321-9445. Massivbau mit fensterlosen Zimmern, schattige Sitzplätze im Innenhof. Restaurant mit Flußblick. $
O Pantaneiro, km 110, ☎ (065) 721-1357. Sechs einfache Zimmer. Wegenetz für Fußwanderungen. $
Santa Rosa Pantanal, km 146, Porto Jofre, ☎ (065) 322-3322. Nicht sonderlich gepflegte Unterkunft, 50 Zi. $

*** Pantanal Mato Grossense

Campo Grande (530 000 Einw.) ist das Portal zum südlichen Pantanal. Das ** *Museu Dom Bosco* (R. Barão do Rio Branco 1843) zeigt eine beeindruckende Sammlung zu Indianerstämmen der Region *(Bororo, Carajá* und *Xavante)* sowie präparierte Tiere und Mineralien.

ℹ **Semcetur,** R. Barão do Rio Branco.
Ⓗ **Exceler Plaza,** Av. Alfonso Pena 444, Amambai, ☎ (067) 382-0102, FAX 382-0141. Mit Schwimmbad. $$
Advanced, Av. Calógeras 1909. ☎ FAX 721-500. 100-Zimmer-Burg. $

Campo Grande bietet die Möglichkeit, von verschiedenen Seiten in den Pantanal vorzudringen: Bei **Coxim** (242 km nördl. C. G., BR 163) auf den Flüssen Taquari und Coxim sowie per Jeeptour. Angelfahrten starten bei **Aquidauana** (131 km) auf dem Rio Aquidauana (Aug.–Okt.) und bei **Miranda** (198 km; März–Okt., ℹ Aguas do Pantanal, ☎ 242-1242). Mit der Bahn (RFFSA, Av. Calógeras, ☎ 383-2762) in 13 Std., schneller per Omnibus (Rua J. Nabuco 200, ☎ 383-1678) geht es nach **Corumbá** (403 km) und weiter per Boot (Expresso do Pantanal, ☎ 231-5255) auf dem Rio Paraguai. Fotosafaris führen in die Regionen von Nhecolândia u. Abobral: Zugang zur Regenzeit über **Porto Morrinho** (156 km), in der Trokkenzeit über **Porto Manga** (128 km).
ℹ Agentur Corumbatour, ☎ 231-1532.

Der Norden

Weltklimaanlage Amazonas

**** Manaus · Santarém · Belém Ilha de Marajó**

Abertausende Kanäle, Seitenarme und kräftige Flußarme durchschneiden den grünen Urwaldteppich Amazoniens mit seinen Millionen Tieren und Pflanzen. Die wassergefüllten Adern sind das Wegenetz für Siedler wie für Touristen. Schon die geringste Anstrengung führt in dem feuchtheißen Klima zu Schweißausbrüchen. Ein „Hundstag" folgt dem anderen. Turmhohe Wolken ziehen bereits am Vormittag über dem Regenwalddach auf, und pünktlich am frühen Nachmittag entladen heftige Wolkenbrüche ihre lauwarmen Wasserlasten – verstärkt in der Regenzeit von November bis Mai. Durch die Nähe zum Äquator wechseln sich im 12-Stunden-Takt fast ohne Dämmerung tiefdunkle Nacht und gleißende Tageshelle schlagartig ab. Mitten im Dschungel gedieh ehemals die internationale Kautschukmetropole Manaus, heute Ausgangspunkt der Exkursionen in den größten Regenwald der Welt.

Wildes Abholzen der Tropenriesen, Goldsucher, staatlich geförderte Staudämme und der Abbau unzähliger Bodenschätze gefährden nach wie vor das sensible Ökosystem „Regenwald" mit der Funktion einer Weltklimaanlage. Die überfluteten Gebiete der großen Stauseen schaffen ökologische Probleme durch die faulende Biomasse. Umsiedler protestierten gegen fehlende Sozialmaßnahmen und ausstehende staatliche Zuschüsse, wie sich überall fehlgeschlagene Versuche zeigen, den Urwald in fruchtbares Ackerland oder

Viehweiden zu verwandeln. 15 % der Bevölkerung Brasiliens (2,6 Einw./km²) leben auf den 45 % Landesfläche, die das Amazonasgebiet ausmacht. Typisch für die Region sind die *Caboclos*, Mischlinge aus Weißen und Indianern.

Teatro Amazonas in Manaus

Seite 91

** Manaus – reich durch Kautschuk

Um die Jahrhundertwende badete die Stadt (1,1 Mio. Einw.) wie ein verwöhntes Kind in Tonnen von Gummimilch. Die Kautschukbarone schleuderten die über dem Feuer armer Gummizapfer *(seringeiros)* geräucherten Latexballen *(bolas de latex)* arrogant auf den Weltmarkt – sich ganz ihres weltweiten Monopols bewußt. Für Architektur, Kleidung und Lebensart war Paris als Vorbild gerade gut genug. 1913 saugte das kleine Manaus 44 000 t aus dem Amazonas. Dann platzte die Bombe, als der 40 Jahre vorher von dem Engländer Henry Wickham ausgeschmuggelte Samen der *Hevea brasiliensis* in Asien erntereif geworden war.

Die Überreste des von Gummimilch getränkten Reichtums hat man an einem halben Tag gesehen. Für das 1896 im

Indianer auf verlorenem Posten

Amazonas heißt in der Indianersprache Wasserwolkenlärm. Über das Gebiet des weltgrößten Flußsystems hinaus bevölkern rund 200 Stämme der *Aruak*, *Pano* und *Tupi* das tropische Brasilien. Waren es um 1500 etwa 5 Mio. Indianer, so zählen ihre Nachfahren gerade noch 200 000. Eine traurige Bilanz für die einzige Bevölkerungsgruppe, die sich als Jäger und Sammler ideal an ihren Lebensraum angepaßt hat.

Indianer leben mit dem Wald, er ist ihr Versorger: Apotheke mit Heilpflanzen, Lebensmittelmarkt für Bananen oder Nüsse sowie Baustoffmarkt mit vollen Regalen. Ihre *marokas*, große Hütten, in denen der Clan Platz findet, bauen sie aus Baumstämmen und Palmblättern. Ihre intensive Nutzung nachwachsender Rohstoffe hat das Gleichgewicht des Waldes bewahrt. Andererseits gab es immer Rivalitäten zwischen Stämmen – ein Massensterben von Mensch und Natur jedoch nie.

Bereits 1910 erkannte die Regierung, die Gefahr für die Indianerstämme und richtete einen Indianerschutzdienst ein. Marschall Cândido Rondon (1865 bis 1958) wurde sein erster Präsident. 1967 übernahm die neugegründete *FUNAI (Fundação Nacional do Indio)* die Interessenvertretung der Ureinwohner. Ein später Tropfen auf den heißen Stein, denn die Indianer leiden mehr denn je unter Überfällen, eingeschleppten Krankheiten und Enteignungen.

Seite 91

Stil der italienischen Renaissance fertiggestellte berühmte ****Teatro Amazonas** (Praça São Sebastião; 10–17 Uhr) mit seinen 1200 Sitzplätzen war nichts zu teuer: italienischer Marmor für die Portale, Dachschiefer aus dem Elsaß, Treppen aus englischem Schmiedeeisen und Lüster aus Muranoglas.

Der deutsche Kaufmann Waldemar Scholz baute am Ostrand des Zentrums seinen **Palácio Rio Negro** (Rua 7 de Setembro; Sa, So 9–11 Uhr) direkt am Rio Negro. Unmittelbar neben dem prunkvollen Amtssitz des Gouverneurs schwanken im Niemandsland der regelmäßig vom Hochwasser überschwemmten Ufer der *igarapés* (Flußkanäle) armselige Bretterhütten auf stacksigen Pfeilern *(palafitas)*.

Drei Straßenecken weiter östlich, im **Museu do Índio** (Rua Duque de Caxias 356; Mo–Fr 8.30–11.30, 14–16.30, Sa 8.30–11.30 Uhr), warten über 3000 Exponate mittlerweile verschwundener Amazonasindianer auf einen Besuch.

Erzeugnisse noch lebender Regenwaldbewohner liegen unter dem Dach des **Mercado Municipal** (an den Piers). Hier wimmelt es von Exotikfrüchten und Amazonasfischen. Mit dem bei G. Eiffel in Paris hergestellten Eisentragwerk und den bunten Glasfenstern ist das Gebäude den Pariser „Les Halles“ nachempfunden. Nebenan hängen Amazonasfrachter an den schwimmenden Kais *(Cais Flutuante)*: Der Flußhafen mitsamt Kränen und Loren muß über 10 m Wasserstandsschwankung ausgleichen. Das **Zollgebäude** *(Alfândega)* wurde 1906 aus schottischen Backsteinen im indischen Stil gemauert.

EMAMTUR, Av. Tarumã 379,
233-5657.
Internat. Flughafen **Ed. Gomes,** 17 km außerhalb, 621-1337.
8 km außerhalb im Stadtteil Flores am Ende der Rua Recife.
Tropical, Estr. Ponta Negra, 18 km, (092) 658-5000, 658-5026. Eigener Strand am Rio Negro. $$
Amazonas, Pça. Adalberto Vale, 622-2233, 622-2064. Zentrale Lage zu Opernhaus und Markt. $$
Líder, Av. 7 de Setembro, 827, 633-1326, 633-3393. Zentral. $

Auf dem Amazonas

Als natürlicher Verkehrsknotenpunkt im dichten Netz der Wasserstraßen ist Manaus der Ausgangspunkt der Amazonas-Touren. Während große Flußschiffe zu wochenlangen Reisen in die Verästelungen der Wasserstraßen aufbrechen, gehen kleine Außenborder- oder Dieselkähne auf Ein- und Mehrtagestouren. „Ökotourismus“ gehört mittlerweile ins Programm der unzähligen Agenturen vor Ort.

Beim **Encontro das Aguas** fließen die Wassermassen des braungelben Rio Solimões und des schwarzen Rio Negro wie Karamel- und Schokoladenpudding nebeneinander her, bis sie sich im Amazonas vermischen und nach 1700 Flußkilometern bei Belém (s. S. 90) in den Atlantik strudeln.

Eine Fahrt durch den **Parque Ecológico do Janauary,** einen 688 ha großen Naturpark, vorbei an den riesigen Victoria-amazonica-Seerosen, zeigt die Schätze des Regenwaldes auf Festland *(terra firme)*, Überschwemmungsauen *(várzea)* und sumpfigen Wäldern *(igapós)*. Bei einer Dschungelwanderung schließen Besucher Bekanntschaft mit riesigen Schmetterlingen, schillerndbunten Papageien und großschnäbligen Tukanen. Und wer eine Nacht im Dschungel verbringt, wird die Natur als Orchester kennenlernen.

Das Zirpen der Grillen, das Trompeten der Frösche und das Trommeln der Affen führen kostenlos im Programm:
Amazon Village (60 km nördl., 05592/622-4144), **Acajatuba Jungle Lodge** (70 km westl., 233-7672), **Ariaú Jungle Tower** (40 km, 4 Bootsstd., 234-7308 u. 232-4160) mit 30 m hohen hölzernen Wohntürmen.

Der Amazonasurwald – die grüne Lunge der Erde

Braucht das Schiff 2–3 Tage nach **Santarém** (270 000 Einw.), läßt sich die Distanz im Flugzeug von Manaus aus in 1 Std. bewältigen. Die eigentlich uninteressante, modern-graue Stadt liegt auf uraltem Indianergebiet, wo der kristallklare, blaugrüne Rio Tapajós in den Amazonas mündet. Touristisches Ziel sind hier die unerwartet weißen * *Sandstrände* des Tapajós, zu denen regelmäßig Boote vom Hafen ablegen (buchbar auch über Agenturen). Vom Schiff aus sieht man hin und wieder am Ufer die Weiden der stattlichen Fazendas. In **Alter do Chão** (37 km) zeigt das *Museu do Centro de Preservação de Arte Indígena* (Rua D. Macedo; 🕓 8–17.30 Uhr) kunsthandwerkliche Exponate regionaler Indianerstämme.

Seite 91

Belém – Tor zum Amazonas

Belém (1,2 Mio. Einw.; von portug. Bethlehem), die Hauptstadt von Pará, ist zugleich Umschlags- und Hafenstadt sowie Verkehrsknoten für den Amazonas. Von hier verlassen auf Ozeanfrachtern Früchte und Regenwaldhölzer ihre tropische Heimat, darunter die Paranuß. *Pará* heißt bei den Tupinamba-Indianern Wasser, und davon gibt es an der Mündung des wasserreichsten Flusses der Welt genug. Klimatisierte Luxusliner oder einfache *gaiolas* – mit Hängematten bespannte, käfigähnliche Dampfer – legen zu Fahrten in den unendlichen Urwald ab.

Die Erkundung der Stadt beginnt für einen halben Dollar Eintritt am besten dort, wo Castelo Branco 1616 zum Schutz gegen europäische Korsaren das **Forte do Castelo** (🕓 8–23 Uhr) errichten ließ. 1878 wiederaufgebaut, nimmt die kanonenbestückte Festung den Platz der ursprünglichen Siedlung *Santa Maria do Belém do Grão Pará* ein. Aus strategischen Gründen hatte man dafür einen geschützten Platz an der Mündung des mächtigen Rio Guamá in die Guajará-Bucht gewählt. Ab den Morgenstunden landen im Hafenbecken des **Ver-o-Peso-Marktes** Fischer mit ihren kleinen Holzbooten frische Meeres- und Flußfrüchte an: lebende mit Bastschnüren zusammengebundene Krebse aus dem Sumpf der Flußmündungen, 100 kg schwere Piraiba-Fische und algenüberzogene Muscheln. Außerdem finden Amulette für Gesundheit und Liebeskraft, in Alkohol eingelegte Schlangen als wundersame Heilmittel und schweres Patschuli-Parfüm hier ihre Käufer. Unter verzauberten Gräserstengeln, Wurzeln und Holzstücken schlummern die Mythen der Indianer. Aus dem Landesinneren kommen die *drogas do sertão,* zu denen u. a. Zimt, Kautschuk und der Farbstoff Urucum zählen, außerdem Unmengen tropischer Früchte. Für einen Überblick genügt ein Spaziergang am Rand des Marktes über die obere Kaitrasse.

Auf die Initiative der Jesuiten geht der Bau der **Catedral da Sé** (1748–1771) im alten Zentrum zurück. Der Italiener Antonio G. Landi überarbeitete 1723 die in Lissabon gezeichneten Pläne, verband barocken Schwung und Lebendigkeit mit klassizistischer Strenge und einem Hauch Manierismus. Über dem Hauptportal wacht die Patronin der Stadt, die Hl. Jungfrau von Belém.

Am Hafen beginnend, ist die von Mangobäumen tunnelartig beschattete **Avenida Presidente Vargas** Verkehrsachse, Promenade und Einkaufspassage zugleich. Alles was der Ver-o-Peso anpreist, liegt hier wohlgeordnet hinter Glas oder auf der Pflasterauslage eines Straßenhändlers. Mittags bevölkern die Angestellten der Banken und Büros die Stehcafés, doch mit Geschäftsschluß ebbt das Treiben ab.

Engagement für den Erhalt der Urwälder Amazoniens

Die Avenida endet am Park der Praça da República zwischen dem Hilton und dem klassizistischen Monumentalbau des 1874 eingeweihten **Teatro da Paz** (1100 Plätze; 🕓 Mo–Fr). Die erfrischende Tasse *cafezinho* schmeckt auf der Hilton-Terrasse wie auch in dem schlichten Musikcafé auf der Straßenseite gegenüber (bei den Taxiständen).

Ein Platz riesiger Menschenaufläufe ist ab dem zweiten Oktobersonntag im östlichen Stadtteil Nazaré die **Basílica de Nossa Senhora de Nazaré** (1908; Praça Justo Chermont, Taxi nehmen).

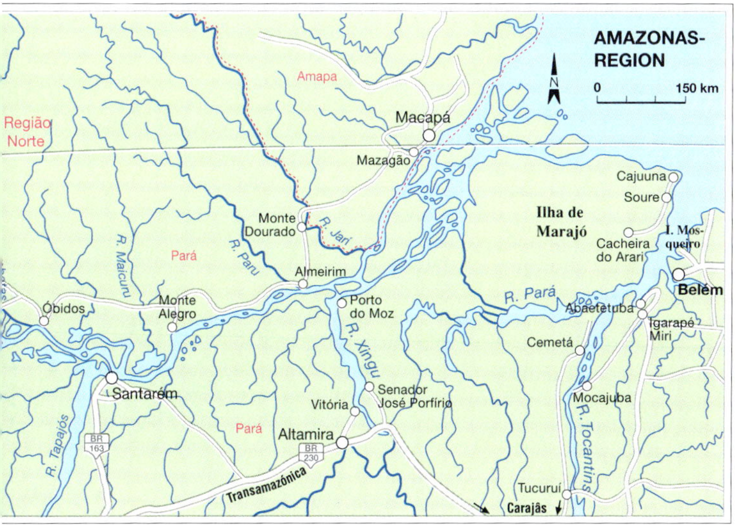

Gläubige pilgern aus dem ganzen Amazonasgebiet zu den zweiwöchigen Feierlichkeiten *Círio de Nazaré.* Am Samstag vor den Festtagen zieht zu Ehren der Marienfigur eine Schiffsprozession vom Hafen bis nach Icoaraci. Nach der Legende soll die Statue von einem Fischer im Urwald aus dem Wasser gehoben worden sein und immer wieder an ihren Fundort zurückkehren.

Seite 91

Ein Stück wundersam geordneter Urwald, ein Konzentrat des größten Flußtales der Welt, ruht inmitten des Verkehrslärms an der **Avenida Magalhães Barata** (2 Blocks östl. der Basílica). Ein Schweizer Wissenschaftler übernahm vor 100 Jahren die Leitung und gab dem unmuseal lebendigen zoologischen und botanischen Garten mit naturhistorischem, ethnographischem Museum, Laboratorien und Bibliothek seinen Namen: **Museu Paraense Emilio Goeldi** (Di–Do 9–12, 14–17, Fr 9–12, Sa, So, Fei 9–17 Uhr). Neben einer Sammlung präkolumbischer Keramik (*Marajoara-* und *Santarém*-Kulturen) sind Amazonastiere in artgerechter natürlicher Vegetation zu sehen. Tapire zum Beispiel, die schwersten Landsäugetiere Brasiliens, suhlen sich am den Rand eines lehmigen Tümpels. Teiche mit Schildkröten, Zitteraalen, Seekühen und Piranhas wechseln mit den Volieren der Papageien. Riesige Bäume voller Lianen sowie Palmen – insgesamt mehr als 1000 Pflanzenarten – verstecken das Denkmal des Botanikers und Brasilienforschers *Carl Friedrich Philipp von Martius* und des Zoologen *Johann Baptist von Spix.* Beide erforschten 1817–1820 im Auftrag Königs Maximilian Joseph I. von Bayern Brasilien und legten natur- und völkerkundliche Sammlungen an (heute im Museum für Völkerkunde, München).

PARATUR, Pça. Kennedy,
223-7029 oder 224-9633,
Mo–Fr 8–13.45 Uhr.
International: **Val de Cans,** Av. Júlio César, 11 km vom Zentrum,
233-4122. Regional: **Júlio César,** Av. Sen. Lemos 4700, 233-3986.
Pça. do Operário, São Brás.
ENASA-Schiff werktags 7 Uhr nach Soure/Ilha de Marajó (6Std.).

Hilton, Av. Pres. Vargas 882,
(091) 223-6500, 225-2942.
Erstes Haus am Ort. $$
Novotel, Av. Bernardo Sayao 4804,
229-8011, 229-8709. Relativ einfach. $$
Hotel Novo Avenida, Av. Pres. Vargas 404, 223-8893. Spartanisch, doch zentral gelegen. $

Círculo Militar, Pça. Frei Caetano Brandão, Forte do Castelo,
223-4374. Unter Palmendachveranda über dem Meer. $$
Panela de Barro, Av. Dq. de Caxias 602, 226-7386. Leckere Fischgerichte; So abends geschl. $$
Lá em Casa, Av. Gov. José Malcher 247, 223-1212. Wie bei Brasilianern zu Hause. $

Literatur: Sebastião Bastos, „Mein Wald am Ufer des großen Flusses. Ein Amazonas-Indianer erzählt die Geschichte seines Lebens." 1994.

Ausflüge von Belém

Icoaraci (23 km außerhalb, Bus, Taxi), ehemals Sommerfrische der Kautschukbarone, läßt vordergründigen Glanz vermissen. Hinter den Türen einfacher Bretterbuden verbergen sich jedoch Werkstätten von Kunsthandwerkern. Mit flinken Händen formen und bemalen sie Keramiken nach dem Vorbild der präkolumbischen Marajoara-Indianer. Den Ton liefern Boote über schmale Flußkanäle an. Eine reiche Auswahl auch der mit geritzen Ornamentbändern überzogenen Gefäße bietet an der Praça da Matriz die **Cooperativa dos Artesões de Icoaraci** (Coarti).

Die Ursprünge der vergangenen Töpferkunst finden sich vor Belém auf der **Ilha de Marajó,** einer Flußinsel von der Größe der Schweiz, riesigen mit Herden von Wasserbüffeln. Das Hafenstädtchen *Soure* ist Ausgangspunkt für Bootstouren durch die fischreichen Kanäle. In *Cachoeira do Arari* (2 Busstd. von Soure) betreut Padre G. Gallo das *Museu de Marajó*, das sich dem Leben der Inselbewohner widmet. **Tip:** Zweitagestour per Schiff und Übernachtung (sehr einfach) in Soure bzw. auf einer Fazenda oder Tagestrip per Lufttaxi. ℹ bei Agenturen.

Umweltsünde Brandrodung

Seite 91

Vom Amazonassüßwasser umspülte Sandstrände der **Ilha do Mosqueiro** (86 km nördl. von Belém, Brücke zum Festland) lassen sich mit Auto oder Bus anfahren. Am Wochenende besetzt halb Belém Strände und Kneipen.

Für Rundflüge (ca. 2–3 Std.) bieten sich die Strecken nach **Tucuruí** zu dem hinter dem Staudamm ertrunkenen Urwald, zu den großen Minen in **Crajás** und über die von Goldschürfern trichterförmig ausgehölte **Serra Pelada** an.

Brettwurzeln geben Halt

Baum ab – ja bitte!

Das Abholzen der Wälder hat in Brasilien Tradition, seit die Portugiesen Holz als wertvollen Exportartikel entdeckten. Das Edelholz *pau brasil*, das wegen seines rötlichen Farbstoffs von europäischen Färbereien gesucht war, fiel als erstes der Säge zum Opfer und machte die Holzhändler *(brasileiros)* reich. Ehe die Kolonisatoren kamen, war das Land zu 60 % bewaldet – bis heute blieb gerade die Hälfte übrig. Brasilien ist heute kaum mehr bewaldet als Deutschland (29 %), natürliche Waldvegetation trägt allein das Amazonasgebiet.

Agrarprojekte, Rinderwirtschaft und Besiedelung dulden keine Bäume. Der Wald wird abgesägt, verbrannt und plattgewalzt, denn auch die Holzwirtschaft fräst Schneisen durch das Grün, um vereinzelt wertvolle Stämme einzuschlagen. Während in Rondônia und Mato Grosso der Regenwald bereits zu 25 % vernichtet ist, betragen die Rodungen im gesamten brasilianischen Amazonien etwa 12 % der Waldfläche.

Wiederaufforstungsprogramme gestalten sich extrem schwierig, denn im Ökosytem Regenwald kann kein Baum ohne den anderen leben. Und jeder Urwaldriese ist ein eigener Mikrokosmos, schützt mit seinem Schatten Tausende Farne und kleinere Bäume vor dem Hitzetod, nährt auf seiner Rinde Orchideen und Millionen von Insekten. Damit er selbst am Leben bleibt, atmet er über das Blattwerk und saugt über sein feinst verästeltes Wurzelsystem Nährstoffe aus dem flachgründigen Boden. Erstaunlich ist eine neue Erkenntnis der Amazonasforscher: Der Wald erhält zu seiner eigenen Biomassenaufbereitung Dünger von außen. Staub aus den Trokkengebieten Afrikas schwebt mit den Passatwinden über den Atlantik und benetzt mit dem Regen das amazonische Blätterdach und den Boden.

Praktische Hinweise von A–Z

Ärztliche Versorgung

Kostenlose Hilfe in Notfällen bieten öffentliche Krankenhäuser. Hotels oder Reisebüros helfen mit Adressen privat niedergelassener Ärzte und Zahnärzte weiter (Bezahlung gegen Rechnung). Apotheken *(farmácia)* verkaufen die meisten Medikamente ohne Rezeptverordnung und geben Spritzen.

Ausrüstung und Kleidung

Empfehlenswert: Moskitonetz für Feuchtgebiete, Taschenlampe, aufblasbares Kopfkissen für lange Flüge und Busfahrten. Sonnenschutz: Kopfbedekkung, T-Shirt sowie Sonnencreme mit hohem Schutzfaktor.

Kurze Hosen u. ä. sind in der Innenstadt, in Museen und Kirchen tabu. Für Besuche des Südens im brasilianischen Winter (Juni–Sept.) Pullover einpacken! FKK: Ist der Tanga auch so klein, daß er als textiler Faserrest *fio dental* („Zahnseide") heißt, er und sein in den Ausmaßen ebenbürtiges Oberteil fallen nie ganz.

Diplomatische Vertretungen

Deutschland: Botschaft, Av. das Nações, Lote 25, Brasília, ☎ (061) 243-7466, 243-7401, FAX 244-6063; Generalkons., Rua Pres. Carlos de Campos 417, Rio de Janeiro, ☎ (021) 553-6777, FAX 553-0184.
Österreich: Botschaft, Av. das Nações, Lote 40, Brasília, ☎ (061) 243-3111.
Schweiz: Botschaft, Av. das Nações, Lote 41, Brasília, ☎ (061) 244-5500, 244-5611, FAX 244-5711; Generalkons., R. C. Mendes 157, Rio de Janeiro, ☎ (021) 242-8035, FAX 252-3991.

Einreise – Ausreise

Aufenthalte bis zu 90 Tagen sind für Deutsche, Schweizer und Österreicher visumfrei. Der Reisepaß muß noch mindestens ein halbes Jahr gültig sein. Bei der Einreise wird im Flugzeug ein *cartão de entrada/saída* verteilt. Durchschlag bis zur Ausreise aufbewahren! 3 Tage vor Abflug bei der Fluggesellschaft die Buchung rückbestätigen.

Elektrizität

110 oder 220 Volt mit 60 Hertz Wechselspannung; DIN-Stecker passen, Sicherheitsvorkehrungen fallen eher lokker aus. Vorsicht in Duschen vor blanken Anschlüssen der Heizelemente!

Fotografieren

Recht teueres Filmmaterial unterliegt in den Ladenregalen des Landes tropisch-schnellen Verfallszeiten. Privatimport aus Europa lohnt sich.

Geld

Von dem 1994 eingeführten *Real* (R $) gibt es Scheine zu 5, 10, 50 und 100 *Reais.* 1R $ = 100 *Centavos,* die in Silbermünzen zu 1, 5, 10, 25 und 50 in Umlauf sind.

Bargeld (am besten US $) wechseln außer Banken die *casas de câmbio,* Reise- und Informationsbüros sowie größere Hotels. Travellerschecks werden nicht überall akzeptiert, Kreditkarten von größeren Hotels und Geschäften – Vorsicht vor Betrug (zwei Bons von der Karte, einer davon blanko)!

Gesundheitsvorsorge

Neben **Impfschutz** gegen Polio, Tetanus/Diphterie und Hepatitis A empfehlen sich Gelbfieberimpfung und Malariaprophylaxe für Reisen ins westliche Amazonasbecken.

Die auf **Nahrungsmittel** angewandte Regel „cook it, boil it, peel it or forget it" schützt vor Durchfallerkrankungen. Vorsicht bei Eiswürfeln und Speiseeis auf der Straße! Trinkwasser sollte grundsätzlich abgekocht oder in Flaschen als *agua mineral* besorgt werden. Bei Durchfall schützt vor Dehydration: 1 l schwarzer Tee aus reinem Trinkwasser, vermischt mit 1 Eßl. Kochsalz, 2 Eßl. Zucker und Saft von 2 Orangen.

Saugwürmer, die Bilharziose übertragen, kommen in Seen und seichten Flüssen vor. Außerhalb der Strände empfehlen sich zum Schutz vor Hakenwürmern Schuhe oder Sandalen.

Informationen

EMBRATUR, Setor Comercial Nte. Q. 2 Bloco G, 70.710-500 *Brasília – D.F.*, ☏ (0055-61) 224-9100, FAX 223-9889; Rua Matriz e Barros, 13, 22.270-000 *Rio de Janeiro*, ☏ (061) 273-2212, FAX 273-2909.

Notruf

Zivilpolizei ☏ 147, Militärpolizei 190, Feuerwehr 193.

Öffnungzeiten

Geschäfte: werktags 9–18.30 Uhr, Mittagspause 2–3 Std. **Shopping-Centers** schließen erst um 22 Uhr.
Banken Mo–Fr 10–16 Uhr,
Postämter Mo–Fr 9–18, Sa 8–12 Uhr.
Museen haben teils montags Ruhetag.

Post

Postämter heißen **correios** oder **ECT** (Empresa de Correios e Telégrafos). Expreßsendungen nach Europa dauern knapp 2 Wochen.

Sicherheit

Die meist jungen Straßenbanditen wollen Ausländer nicht umbringen, sondern „nur" ausnehmen. Eine Art „Auslösegeld" sollte stets griffbereit sein. Bei Überfall keine Gegenwehr leisten! Größere Summen gehören in einen Hüftgürtel unter der Kleidung, Dokumente, Schmuck und Geld in den Hotelsafe. Spaziergänge nie ohne Begleitung! Unbelebte Seitenstraßen und Menschengruppen meiden!

Souvenirs

Halbedelsteine oder Schmuck (in Fachgeschäften), Speckstein, Lederwaren, Schnitzarbeiten, Keramik und Tonfiguren, Webarbeiten, Kunsthandwerk der Indianer, Kaffee. Schwarze Korallen, Schlangen- und Krokodilleder sowie Artikel aus Schildpatt fallen unter das Washingtoner Artenschutzabkommen!

Telefone

verbergen sich in meist orangefarbenen Muscheln, die *orelhões* („Ohren") heißen: rote Apparate für Orts- und Regionalgespräche, blaue für Ferngespräche, keine Trennung bei den Kartentelefonen. Telefonmünzen *(fichas)* und -karten verkaufen Postämter, Bars und Zeitungskioske. In *postos telefonicos*, meist an Flug- und Busbahnhöfen, erhält man eine Kabine und bezahlt hinterher. *R-Gespräche (a cobrar)* werden mit „9" vor der Ortsvorwahl eingeleitet. Eine Tonbandansage verlangt nach dem Pfeifton die Angabe von Namen und Stadt, aus der der Anruf kommt. **Vorwahl:** Deutschland 00 49, Österreich 00 43, Schweiz 00 41.

Trinkgeld

In Restaurants weist die Rechnung normalerweise 10 % für den Service aus. Trotzdem schadet ein aufgerundeter Betrag nicht. Außer Kellnern freuen sich Taxifahrer, Kofferträgern, Schuhputzer und hilfsbereite Straßenjungen über einen kleinen Obolus.

Zeitzonen

Nordosten, Südosten und Süden: MEZ + 4 Std. Amazonien, Mato Grosso und Mato Grosso do Sul MEZ + 5 Std., während der europäischen Sommerzeit (März–Sept.) eine weitere Stunde.

Zollbestimmungen

Außer persönlicher Ausrüstung dürfen Touristen je eine Foto-, eine Videokamera, einen Radio, einen Kassettenrekorder, eine Schreibmaschine und einen Personalcomputer einführen.

Register

Orts- und Sachregister

Personenregister